AF688547

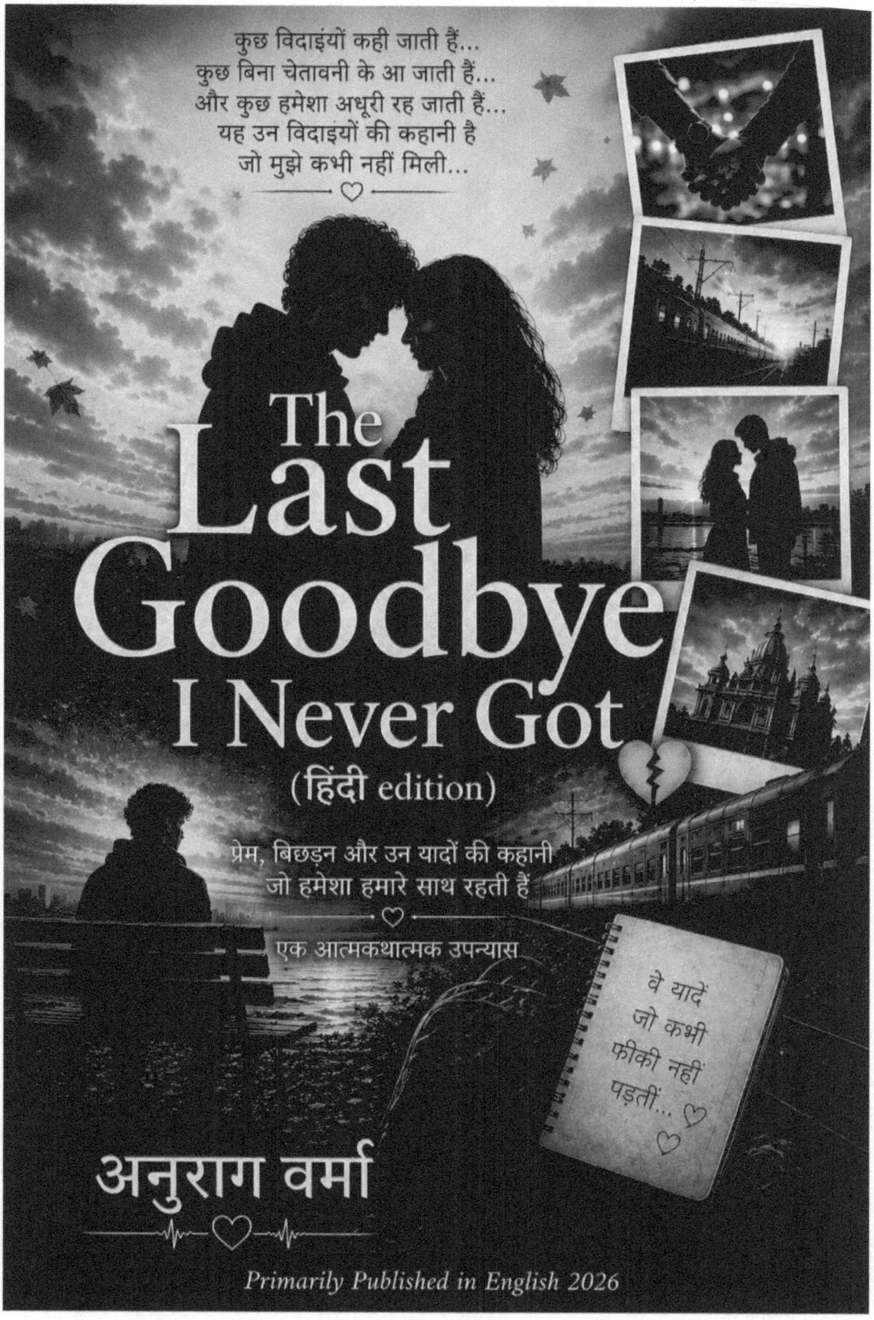

कुछ विदाइयों कही जाती हैं...
कुछ बिना चेतावनी के आ जाती हैं...
और कुछ हमेशा अधूरी रह जाती हैं...
यह उन विदाइयों की कहानी है
जो मुझे कभी नहीं मिली...
The Last Goodbye I Never Got
(हिंदी edition)
प्रेम, बिछड़न और उन यादों की कहानी
जो हमेशा हमारे साथ रहती हैं
एक आत्मकथात्मक उपन्यास
वे यादें
जो कभी
फीकी नहीं
पड़तीं...
अनुराग वर्मा
Primarily Published in English 2026

अनुराग वर्मा

**कुछ विदाइयाँ शब्दों में कही जाती हैं।
कुछ बिना किसी चेतावनी के आ जाती हैं।
और कुछ ऐसी होती हैं जो ज़िंदगी भर अधूरी रह जाती हैं।**

The Last Goodbye I Never Got एक प्रेम कहानी भर नहीं है। यह स्मृतियों, बिछड़नों, परिवार, संघर्ष, उम्मीद और उन लोगों की कहानी है जो हमारी ज़िंदगी बदल देते हैं, चाहे वे अंत तक हमारे साथ रहें या नहीं।

उत्तर प्रदेश के छोटे से कस्बे **सिकंदरपुर** में पला-बढ़ा अनुराग हमेशा यही मानता था कि जिन लोगों से वह प्रेम करता है, वे हमेशा उसके जीवन का हिस्सा रहेंगे। लेकिन समय ने उसे सिखाया कि हर रिश्ता हमेशा साथ नहीं चलता। बचपन युवावस्था में बदला, दोस्ती प्रेम में, सपने ज़िम्मेदारियों में, और मासूमियत ने बिछड़ने का दर्द सीखा।

पहले प्रेम की धड़कनों से लेकर दिल टूटने तक, पारिवारिक संघर्षों से लेकर जीवन की सबसे कठिन क्षतियों तक, यह आत्मकथात्मक उपन्यास एक ऐसे सफ़र को दर्ज करता है जिसने एक साधारण लड़के को भीतर से बदल दिया।

यह उन लोगों को खो देने की कहानी है जो आज भी यादों में जीवित हैं। यह उस दुःख की कहानी है जो समय के साथ हल्का तो हो जाता है, लेकिन कभी पूरी तरह समाप्त नहीं होता। और यह उस साहस की कहानी है जो इंसान को आगे बढ़ना सिखाता है, तब भी जब सामने का रास्ता धुंधला दिखाई देता है।

हँसी, प्रेम, टूटन, पछतावे, पारिवारिक रिश्तों, अधूरे सपनों और गहरे नुकसान से भरी इस यात्रा में अनुराग अपने जीवन के सबसे निजी अध्याय पाठकों के सामने खोलता है। वह केवल यह नहीं बताता कि उसके साथ क्या हुआ, बल्कि यह भी महसूस कराता है कि उन पलों को जीना कैसा था।

क्योंकि कभी-कभी सबसे गहरे घाव उन लोगों से नहीं मिलते जो हमें छोड़कर चले जाते हैं, बल्कि उन विदाइयों से मिलते हैं जिन्हें हम कभी कह ही नहीं पाते।

यह उन सभी लोगों के लिए एक कहानी है जिन्होंने कभी सच्चा प्रेम किया है, किसी अपने को खोया है, किसी का इंतज़ार किया है, या ऐसी यादों को अपने भीतर सँजोए रखा है जो समय के साथ भी फीकी नहीं पड़तीं।

क्योंकि कुछ लोग चले जाते हैं।
कुछ सपने टूट जाते हैं।
लेकिन उनकी गूँज हमेशा बाकी रह जाती है।
और कभी-कभी वही गूँज हमारी पूरी कहानी बन जाती है।

The Last Goodbye I Never Got
प्रेम, बिछडन और उन यादों की कहानी जो हमेशा हमारे साथ रहती हैं

यह पुस्तक लेखक के वास्तविक जीवन के अनुभवों और स्मृतियों पर आधारित एक आत्मकथात्मक उपन्यास है। गोपनीयता एवं कथानक की सहजता बनाए रखने हेतु कुछ नाम, स्थान, समय तथा अन्य विवरणों में आवश्यक परिवर्तन किए गए हैं। इसमें व्यक्त विचार एवं घटनाएँ लेखक के व्यक्तिगत अनुभवों और दृष्टिकोण को दर्शाती हैं।

यह हिंदी संस्करण लेखक की मूल अंग्रेज़ी कृति *The Last Goodbye I Never Got: A Story of Love, Loss, and the Echoes We Carry* का आधिकारिक अनुवाद एवं रूपांतरण है।

मूल अंग्रेज़ी संस्करण वर्ष 2026 में इसी शीर्षक के साथ प्रकाशित किया जा चुका है।

कॉपीराइट पंजीकरण हेतु आवेदन प्रस्तुत
डायरी संख्या: LD-27411/2026-CO

प्रथम हिंदी संस्करण: 2026
ISBN: 978-93-5987-756-3
लेखक: अनुराग वर्मा
आवरण डिज़ाइन एवं स्वरूपण: अनुराग वर्मा
प्रकाशक: अनुराग वर्मा
मुद्रित: भारत में

समर्पण

यह पुस्तक मेरे पिता को समर्पित है।

उनके शांत स्वभाव, अथक परिश्रम और अनगिनत त्यागों ने मुझे वह इंसान बनाया है जो मैं आज हूँ। उनके जाने के बाद ही मैं उनके प्रेम, संघर्ष और बलिदानों की गहराई को पूरी तरह समझ पाया। उन्होंने मुझे जिम्मेदारी, ईमानदारी और परिवार के लिए जीना सिखाया। आज भी जीवन के हर कठिन मोड़ पर उनकी सीख मेरा मार्गदर्शन करती है।

यह पुस्तक मेरी माँ को भी समर्पित है।

उनकी निस्वार्थ शक्ति और अटूट साहस ने हमारे परिवार को सबसे कठिन समय में संभाले रखा। उन्होंने हर दर्द को मुस्कान के पीछे छिपाकर हमें आगे बढ़ना सिखाया। उनका धैर्य और समर्पण मेरे जीवन की सबसे बड़ी प्रेरणाओं में से एक है।

मैं यह पुस्तक अपनी दोनों बहनों को भी समर्पित करता हूँ।

उनकी मेहनत, उनके सपने और उनकी उपलब्धियाँ हमेशा मेरे लिए प्रेरणा का स्रोत रही हैं। उन्होंने मुझे विश्वास दिलाया कि कठिन परिस्थितियाँ केवल इंसान की परीक्षा लेती हैं, उसके सपनों की नहीं।

यह पुस्तक उन सभी लोगों के नाम भी है जो मेरी ज़िंदगी के महत्वपूर्ण अध्याय बने—उनके लिए जो मेरे साथ चले, उनके लिए जो रास्ते में बिछड़ गए, और उनके लिए जो यादों का हिस्सा बनकर हमेशा मेरे भीतर जीवित रहेंगे। किसी ने मुझे प्रेम सिखाया, किसी ने बिछड़ने का दर्द, और किसी ने ऐसे जीवन-पाठ दिए जिन्हें मैं कभी नहीं भूलूँगा।

और अंत में, यह पुस्तक **सिकंदरपुर** को समर्पित है—उस छोटे से कस्बे को जिसने मुझे पाला, मुझे सपने दिए और मेरी कहानी को आकार दिया। वहाँ की गलियाँ, रिश्ते, दोस्तियाँ और यादें हमेशा मेरे जीवन का अभिन्न हिस्सा रहेंगी।

क्योंकि कुछ विदाइयाँ शब्दों में कही जाती हैं।
कुछ बिना किसी चेतावनी के आ जाती हैं।
और कुछ हमेशा के लिए अधूरी रह जाती हैं।

यह पुस्तक उन लोगों, उन जगहों और उन यादों को समर्पित है, जो मेरी ज़िंदगी के वे अलविदा बन गए जिन्हें मैं कभी पूरी तरह कह नहीं पाया।

लेखक की ओर से

कुछ कहानियाँ हम दुनिया को सुनाने के लिए लिखते हैं।

और कुछ कहानियाँ इतनी देर तक हमारे भीतर जीवित रहती हैं कि उन्हें लिख देना ही जीने का एकमात्र तरीका बन जाता है।

यह पुस्तक दूसरी तरह की कहानी है।

The Last Goodbye I Never Got कल्पना से जन्मी कहानी नहीं है। यह मेरी यादों, भावनाओं, गलतियों, सपनों, टूटनों, उम्मीदों और उन अनुभवों का दस्तावेज़ है जिन्होंने मुझे वह इंसान बनाया जो मैं आज हूँ। इनमें कुछ पल ऐसे हैं जिन्हें याद करके आज भी मुस्कान आ जाती है, और कुछ ऐसे हैं जिनकी टीस शायद जीवन भर बनी रहेगी। लेकिन हर रिश्ता, हर बिछड़न और हर अनुभव ने मुझे कुछ न कुछ सिखाया है।

इन पन्नों में आपको उत्तर प्रदेश के एक छोटे से कस्बे के लड़के की कहानी मिलेगी, जो धीरे-धीरे बड़ा होना सीख रहा है। यह प्रेम, दोस्ती, परिवार, सपनों, ज़िम्मेदारियों और उन नुकसानों की कहानी है जिनके बाद इंसान पहले जैसा नहीं रह जाता।

यह उन लोगों की भी कहानी है जो मेरी ज़िंदगी में आए और उसे हमेशा के लिए बदल गए। कुछ अंत तक साथ रहे, कुछ रास्ते में बिछड़ गए, और कुछ ऐसे थे जो यादों का हिस्सा तब बन गए जब मैं उन्हें खोने के लिए बिल्कुल तैयार नहीं था।

मैंने यह पुस्तक किसी को सही या गलत साबित करने के लिए नहीं लिखी है। यह किसी का निर्णय नहीं, बल्कि मेरी स्मृतियों और मेरे अनुभवों का ईमानदार लेखा-जोखा है। बहुत-से प्रश्न आज भी अनुत्तरित हैं, लेकिन मैं नहीं चाहता था कि समय उन पलों को मुझसे हमेशा के लिए छीन ले। इसलिए मैंने उन्हें शब्दों में सहेज लिया।

कुछ लोगों की निजता की रक्षा के लिए उनके नाम, स्थान और कुछ पहचान संबंधी विवरण बदले गए हैं। किंतु इन घटनाओं के पीछे छिपी भावनाएँ पूरी तरह सच्ची हैं। इस पुस्तक में दर्ज हर एहसास मेरे अपने जीवन और मेरे अपने सफ़र से जन्मा है।

जब आप यह पुस्तक पढ़ेंगे, तो संभव है कि आपको इसमें अपनी ही कोई कहानी दिखाई दे। शायद आपको कोई ऐसा व्यक्ति याद आ जाए जिसे आपने कभी पूरे दिल से चाहा था। शायद कोई अधूरा सपना याद आ जाए, या कोई ऐसा अलविदा जिसे कहने का अवसर आपको कभी नहीं मिला।

यदि ऐसा होता है, तो मुझे लगेगा कि इस पुस्तक ने अपना उद्देश्य पूरा कर लिया।

क्योंकि यह केवल मेरी कहानी नहीं है।

यह उन सभी लोगों की कहानी है जो अपने भीतर ऐसी यादें लेकर जीते हैं जिन्हें समय भी मिटा नहीं पाता।

इन पन्नों तक आने के लिए आपका धन्यवाद।

मेरे साथ इस यात्रा पर चलने के लिए आपका धन्यवाद।

और इस कहानी को अपने दिल में थोड़ी-सी जगह देने के लिए भी आपका धन्यवाद।

— अनुराग वर्मा

अस्वीकरण

यह पुस्तक लेखक के व्यक्तिगत अनुभवों, स्मृतियों, भावनाओं और आत्मचिंतन पर आधारित एक आत्मकथात्मक कृति है।

यद्यपि इसकी घटनाएँ वास्तविक जीवन से प्रेरित हैं, फिर भी संबंधित व्यक्तियों की निजता की रक्षा के उद्देश्य से कुछ नाम, स्थान, समय-सीमाएँ, पहचान संबंधी विवरण तथा कुछ घटनाओं और वार्तालापों का पुनर्निर्माण या रूपांतरण किया गया है। अतः पुस्तक में वर्णित संवाद और घटनाएँ आवश्यक नहीं कि शब्दशः वास्तविक हों।

इस पुस्तक में व्यक्त विचार, भावनाएँ और घटनाओं की व्याख्या लेखक की व्यक्तिगत स्मृतियों एवं दृष्टिकोण पर आधारित हैं। संभव है कि इन घटनाओं से जुड़े अन्य व्यक्तियों की स्मृतियाँ या दृष्टिकोण भिन्न हों।

इस कृति का उद्देश्य किसी भी जीवित अथवा दिवंगत व्यक्ति की मानहानि करना, उसे आहत करना या उसके व्यक्तित्व का गलत चित्रण करना नहीं है। लेखक ने अपने अनुभवों को पूर्ण ईमानदारी, सम्मान और संवेदनशीलता के साथ प्रस्तुत करने का प्रयास किया है।

यह पुस्तक प्रेम, वियोग, परिवार, संघर्ष, जिम्मेदारी, दुःख, धैर्य और आत्म-विकास की एक मानवीय यात्रा का दस्तावेज़ है। इस यात्रा का हिस्सा रहे प्रत्येक व्यक्ति के प्रति लेखक अपने हृदय से कृतज्ञता व्यक्त करता है।

विषय सूची

अध्याय 1

जब दुनिया हमेशा के लिए अपनी लगती थी

किसी कहानी का हिस्सा बनने से पहले मैं बस एक साधारण लड़का था।

एक ऐसा लड़का, जो उत्तर प्रदेश के **Ballia** ज़िले के छोटे से कस्बे **Sikanderpur** में बड़ा हुआ।

अगर आप भारत के नक्शे पर **Sikanderpur** को ढूँढ़ेंगे, तो शायद वह आपको हजारों छोटे कस्बों के बीच एक मामूली-सा नाम लगे। न वहाँ कोई बहुत बड़ा स्मारक है, न ऐसा इतिहास जिसके बारे में किताबों में पढ़ाया जाता हो। ज़्यादातर लोग ऐसे कस्बों से गुज़र जाते हैं और कुछ ही देर में उन्हें भूल भी जाते हैं।

लेकिन जो लोग वहाँ बड़े होते हैं, उनके लिए कोई भी छोटा कस्बा कभी छोटा नहीं होता।

वह उनकी पूरी दुनिया होता है।

Sikanderpur मेरी दुनिया था।

उसकी हर सड़क से कोई न कोई याद जुड़ी हुई थी। हर दुकानदार हमारे परिवार को जानता था। हर त्योहार अपना लगता था। हर गली में कोई न कोई कहानी छिपी थी। यह सब उस समय की बात है, जब मेरी ज़िंदगी में प्यार नहीं आया था, जब दिल टूटने का मतलब नहीं पता था, जब ज़िम्मेदारियाँ सपनों से बड़ी नहीं हुई थीं।

तब बस **Sikanderpur** था।

और वे लोग थे, जिन्होंने उसे मेरा घर बनाया।

लोग अक्सर मान लेते हैं कि छोटे कस्बों की ज़िंदगी नीरस होती होगी। शायद उन्होंने कभी सच में किसी छोटे कस्बे में रहकर नहीं देखा।

क्योंकि छोटे कस्बों में कोई भी पूरी तरह अजनबी नहीं होता।

सब्ज़ी बेचने वाला आपके पिता को जानता है। मेडिकल स्टोर वाला आपकी माँ की दवाइयाँ याद रखता है। दर्जी कपड़ों का नाप लेने से पहले परीक्षा का परिणाम पूछ लेता है। खबरें हवा से भी तेज़ फैलती हैं और खुशियाँ किसी एक परिवार की नहीं, पूरे मोहल्ले की हो जाती हैं।

हर कोई एक-दूसरे को जानता है।

कभी यह अपनापन देता है।

कभी घुटन।

लेकिन धीरे-धीरे वही आपकी पहचान का हिस्सा बन जाता है।

मेरा नाम **Anurag Verma** है।

मेरा जन्म **10 September** को एक ऐसे परिवार में हुआ था, जिसकी नींव उन्हीं चीज़ों पर टिकी थी, जिन पर भारत के अनगिनत परिवार टिके होते हैं—प्यार, त्याग, परंपराएँ, ज़िम्मेदारियाँ, जिद, बहसें और वह अनकही निष्ठा, जो सबसे बड़े मतभेदों के बाद भी रिश्तों को टूटने नहीं देती।

मेरे बचपन के केंद्र में मेरे पिता थे।

Ajay Prasad

वे उन लोगों में से नहीं थे, जो **अपनी** भावनाओं को शब्दों में व्यक्त करते हैं। उन्होंने हमें बैठाकर बड़े-बड़े जीवन के भाषण कभी नहीं दिए। न ही वे अपने सपनों और डर के बारे में खुलकर बात करने वाले इंसान थे।

लेकिन उन्होंने प्यार किया।

अपने तरीके से।

ज़िम्मेदारियाँ उठाकर।

सुबह सबसे पहले उठकर।

चुपचाप मेहनत करके।

दूसरों की परेशानियाँ अपने कंधों पर लेकर।

बचपन में मुझे बस उनकी सख़्ती दिखाई देती थी। उनकी डाँट दिखाई देती थी। उनके नियम दिखाई देते थे। उनकी उम्मीदें दिखाई देती थीं।

जो दिखाई नहीं देता था, वह था वह बोझ, जो वे हर दिन उठाते थे ताकि हम सब थोड़ा आसान जीवन जी सकें।

उस बात को समझने में मुझे बहुत समय लग गया।

शायद ज़रूरत से ज़्यादा समय।

मेरी माँ, हमारे घर की वह ताकत थीं, जिसकी आवाज़ कभी ऊँची नहीं हुई, लेकिन जिसकी मौजूदगी ने पूरे परिवार को संभाले रखा।

अगर पिता घर के स्तंभ थे, तो माँ उसकी नींव थीं।

वह समस्याएँ हल कर देती थीं, इससे पहले कि वे हमारे पास पहुँचतीं। त्याग करती थीं, बिना उसका ज़िक्र किए। चिंता करती थीं, बिना किसी को बताए। और किसी तरह सबका ख्याल रखते हुए खुद को हमेशा सबसे पीछे रख देती थीं।

आज पीछे मुड़कर देखता हूँ, तो समझ आता है कि मेरे बचपन की ज़्यादातर शांति उनकी वजह से थी।

वे उन मुश्किलों को अपने भीतर रोक लेती थीं, जिनके बारे में हमें पता भी नहीं चलता था।

मेरी दो बड़ी बहनें भी थीं—**Neha** और **Anchal**।

घर का सबसे छोटा बच्चा होने के अपने फायदे होते हैं।

कभी मुझे बचाया जाता था।

कभी हर गलती का दोष मेरे सिर मढ़ दिया जाता था।

कभी मैं ज़रूरत से ज़्यादा लाड़ला बन जाता था।

और कभी पूरे घर की शिकायतों का केंद्र।

लेकिन हर बहस, हर शोर और हर उलझन के बीच एक चीज़ कभी नहीं बदली—

मुझे प्यार मिला।

हमारा परिवार सिर्फ़ हम पाँच लोगों तक सीमित नहीं था।

उसके केंद्र में मेरे दादा जी थे।

Ram Prasad

एक बच्चे की नज़र में वे हमेशा से थे और हमेशा रहने वाले थे।

घर की तरह।

Sikanderpur की तरह।

स्थायी।

उनके आसपास बेटों, बेटियों, पोते-पोतियों, त्योहारों, परंपराओं, खुशियों और झगड़ों से भरी एक पूरी दुनिया घूमती थी।

जब रिश्तेदार इकट्ठा होते थे, तो घर का रूप ही बदल जाता था।

कमरे आवाज़ों से भर जाते थे।

आँगन बच्चों की दौड़भाग से गूँज उठता था।

रसोई का काम कभी खत्म होता नहीं लगता था।

और बड़े लोग उन बातों पर चर्चा करते थे, जो उन्हें बहुत महत्वपूर्ण लगती थीं, लेकिन हमारी समझ से बिल्कुल बाहर होती थीं।

बचपन में मुझे लगता था कि यह सब हमेशा ऐसा ही रहेगा।

कि परिवार हमेशा साथ रहेगा।

कि त्योहार हमेशा सबको एक जगह ले आएँगे।

कि जिन लोगों से मैं प्यार करता हूँ, वे कभी कहीं नहीं जाएँगे।

बच्चों की सबसे खूबसूरत आदत यही होती है—

वे हमेशा रहने वाली चीज़ों पर विश्वास करते हैं।

उन्हें नहीं पता होता कि जीवन कितना नाजुक है।

कि लोग बिछड़ जाते हैं।

कि रिश्ते बदल जाते हैं।

कि परिस्थितियाँ पूरी दुनिया का रूप बदल सकती हैं।

उस समय मेरी ज़िंदगी बेहद सरल थी।

School
Friends
Family gatherings
Festivals
Summer vacations

और ऐसे सपने, जो अभी महत्वाकांक्षा कहलाने लायक भी नहीं थे।

मुझे नहीं पता था कि आने वाले वर्षों में प्यार मिलेगा, दिल टूटेगा, लोग बिछड़ेंगे, ज़िम्मेदारियाँ कंधों पर आ जाएँगी और कुछ फैसले मेरी पूरी ज़िंदगी की दिशा बदल देंगे।

मुझे यह भी नहीं पता था कि एक दिन मैं बैठकर इन यादों को लिखूँगा और समझने की कोशिश करूँगा कि आखिर यह सब शुरू कहाँ से हुआ था।

क्योंकि उन सभी गलतियों, सबक़ों और रिश्तों से पहले—

मैं बस **Sikanderpur** का एक लड़का था।

और मेरी कहानी यहीं से शुरू होती है।

मेरी सबसे पुरानी यादों पर बचपन के रंग चढ़े हुए हैं।

वे रंग, जो समय बीत जाने के बाद और भी चमकीले लगने लगते हैं।

तब दिन लंबे लगते थे।

गर्मियों की छुट्टियाँ कभी खत्म नहीं होती थीं।

और भविष्य इतना दूर था कि उसके बारे में सोचने की ज़रूरत ही नहीं पड़ती थी।

मेरी पढ़ाई की शुरुआत **St. John , Sikanderpur** से हुई, जहाँ मैंने **Nursery, LKG** और **UKG** की पढ़ाई की।

School छोटा था।

लेकिन बचपन की नज़रों से देखा जाए, तो हर जगह बहुत बड़ी लगती है।

रंग-बिरंगे चार्ट, alphabet books, बच्चों की आवाज़ें और घंटी बजते ही बदलता माहौल—उसी दुनिया में मेरे शुरुआती दिन बीते।

उस समय **School** का मतलब **marks, career, ranking** या **competition** नहीं था।

School बस ज़िंदगी का एक हिस्सा था।

जहाँ दोस्ती **lunch break** से पहले हो जाती थी और झगड़े छुट्टी की घंटी बजने से पहले खत्म।

उन्हीं classmates में तीन siblings भी थे—

Mini, उसकी बड़ी बहन, और उसका बड़ा भाई ।

उस समय वे मेरे लिए बस कुछ परिचित चेहरे थे।

न उससे ज़्यादा।

न उससे कम।

हममें से कोई नहीं जानता था कि वर्षों बाद उन्हीं नामों में से एक मेरी पूरी कहानी का सबसे महत्वपूर्ण हिस्सा बन जाएगा।

ज़िंदगी की यही सबसे अजीब बात है।

वह अक्सर महत्वपूर्ण लोगों को हमारी ज़िंदगी में बहुत पहले भेज देती है।

और फिर वर्षों तक यह नहीं बताती कि वे हमारे लिए इतने महत्वपूर्ण क्यों हैं।

कभी-कभी कहानी शुरू बहुत पहले हो जाती है।

हमें बस उसका एहसास बहुत देर से होता है।

अध्याय 2

दरारें जो दिखने से पहले बन चुकी थीं

साल 2016 तक मुझे लगता था कि कुछ लोग हमेशा हमारे साथ रहते हैं।

किसी ने मुझे यह बात सिखाई नहीं थी। शायद बचपन खुद ही हमें ऐसा विश्वास दे देता है। जब हम छोटे होते हैं, तो जो लोग हर दिन हमारे आसपास होते हैं, वे हमें हमेशा के लिए मौजूद लगते हैं। हम कभी यह सोचते ही नहीं कि एक दिन वे नहीं होंगे। हमें लगता है कि जैसा आज है, वैसा ही कल भी रहेगा।

मेरे लिए उन लोगों में सबसे महत्वपूर्ण थे मेरे दादा जी ।

वे हमारे परिवार के केंद्र में ठीक वैसे खड़े थे, जैसे कोई पुराना बरगद का पेड़, जिसकी जड़ें इतनी गहरी हों कि कोई उसके गिरने की कल्पना भी न कर सके। परिवार का हर मिलन, हर त्योहार और हर खुशी किसी न किसी तरह उनसे जुड़ी हुई लगती थी। रिश्तेदार हँस रहे हों या छोटी-छोटी बातों पर बहस कर रहे हों, हमेशा ऐसा लगता था कि अंत में सब ठीक हो जाएगा, क्योंकि दादा जी मौजूद थे।

बचपन में हम यह नहीं समझ पाते कि परिवार को एक साथ बाँधकर रखने में किसी एक इंसान की कितनी बड़ी भूमिका होती है।

यह बात हमें तब समझ आती है, जब वह इंसान हमारे बीच नहीं रहता।

24 जनवरी 2016 को वही हुआ।

दादा जी इस दुनिया को छोड़कर चले गए।

मैं उस समय इतना बड़ा नहीं था कि मृत्यु का अर्थ पूरी तरह समझ सकूँ। मुझे बस इतना पता था कि कुछ बहुत बुरा हुआ है। घर में रिश्तेदारों का आना-जाना बढ़ गया था। लोगों की आँखों में आँसू थे। धीमी आवाज़ों में बातें हो रही थीं। हर तरफ एक अजीब-सी उदासी फैली हुई थी।

मैंने दुःख देखा था।

लेकिन दुःख को समझा नहीं था।

उस उम्र में मुझे सिर्फ इतना पता था कि दादा जी अब नहीं रहे।

मैं यह नहीं समझ पाया था कि उनकी कमी आने वाले वर्षों में हमारी ज़िंदगी को कितनी गहराई से बदल देगी।

शुरुआत में सब कुछ पहले जैसा ही दिखता था।

वही घर।

वही आँगन।

वही कमरे।

वही लोग।

लेकिन फिर भी कुछ बदल चुका था।

कुछ ऐसा, जो दिखाई नहीं देता था।

कुछ ऐसा, जिसकी जगह कोई नहीं ले सकता था।

घर की हँसी थोड़ी धीमी लगने लगी। पारिवारिक मिलन पहले जैसे नहीं रहे। माहौल में एक ऐसी खाली जगह पैदा हो गई थी, जिसे शब्दों में समझाना मुश्किल था।

शुरुआत में यह बदलाव बहुत हल्का था।

फिर धीरे-धीरे इतना स्पष्ट हो गया कि उसे नज़रअंदाज़ करना संभव नहीं रहा।

समय बीतने के साथ वे मतभेद, जो पहले आसानी से खत्म हो जाते थे, अब लंबे समय तक बने रहने लगे। बातचीत बहस में बदलने लगी और बहस धीरे-धीरे विवादों में।

संपत्ति से जुड़े पुराने मुद्दे, जो वर्षों तक दबे रहे थे, अचानक परिवार के भीतर तनाव का कारण बनने लगे।

बड़े पापा और **Jiten अंकल** के बीच बढ़ते मतभेदों का असर धीरे-धीरे पूरे परिवार पर पड़ने लगा।

मैं तब भी बच्चा ही था।

मुझे पूरी बात समझ नहीं आती थी।

मुझे नहीं पता था कि कौन सही है।

कौन गलत।

मैं सिर्फ इतना महसूस कर पा रहा था कि जो परिवार मुझे हमेशा एकजुट दिखाई देता था, वह अब पहले जैसा नहीं रहा।

शायद पहली बार मैंने समझा कि एकता कितनी नाज़ुक होती है।

जब परिवार साथ होता है, तो हमें लगता है कि सिर्फ प्यार ही उन्हें जोड़े रखता है।

लेकिन कई बार कुछ लोग ऐसे होते हैं, जिनकी मौजूदगी चुपचाप सब कुछ संभालकर रखती है।

और जब वे चले जाते हैं, तब वे दरारें दिखाई देने लगती हैं, जो पहले से मौजूद थीं।

आज पीछे मुड़कर देखता हूँ, तो महसूस होता है कि दादा जी का जाना मेरी ज़िंदगी के उन पहले अनुभवों में से एक था, जिसने मुझे खोने का अर्थ सिखाया।

वह ऐसा नुकसान नहीं था, जो अचानक सब कुछ बदल दे।

वह धीरे-धीरे असर करने वाला नुकसान था।

ऐसा नुकसान, जो समय के साथ हर चीज़ का रूप बदल देता है।

और शायद पहली बार मुझे यह एहसास दिलाता है कि इस दुनिया में कुछ भी हमेशा एक जैसा नहीं रहता।

इन्हीं दिनों, जब परिवार के भीतर बदलाव शुरू हो चुके थे, मेरी ज़िंदगी में एक और घटना हुई।

उस समय वह बिल्कुल साधारण लगी थी।

इतनी साधारण कि मैंने उस पर ध्यान भी नहीं दिया।

लेकिन वर्षों बाद वही घटना मेरी सबसे प्रिय यादों में से एक बन गई।

दादा जी के जाने के कुछ महीनों बाद, एक परिचित चेहरा फिर से मेरी ज़िंदगी में लौटा।

Mini ने **Gyan Kunj** में admission लिया।

मैं उसे पहले से जानता था।

बहुत साल पहले हम **St. John** में **Nursery, LKG** और **UKG** के दौरान साथ पढ़ चुके थे। कुछ समय tuition भी साथ गया था। वह मेरे लिए कोई अजनबी नहीं थी।

बस एक ऐसा चेहरा **था**, जिसे मैंने लंबे समय बाद फिर देखा था।

उसके स्कूल के पहले दिन मेरी बहन ने मुझसे कहा,

"इसे classroom तक पहुँचा दो।"

"इसे बता दो कि कहाँ जाना है।"

यह कोई बड़ा काम नहीं था।

बस दो-तीन मिनट का।

लेकिन मैं तब बच्चा था।

और बच्चों की तरह मुझे किसी की मदद करने में कोई खास दिलचस्पी नहीं थी।

इसलिए उसे classroom तक ले जाने के बजाय मैं खुद ही वहाँ से चला गया।

मैंने उसे वहीं छोड़ दिया और अपने काम में लग गया।

उस समय यह बात मुझे बिल्कुल मामूली लगी।

आखिर मैं इसके बारे में दोबारा सोचता भी क्यों?

वह बस स्कूल की एक नई student थी।

एक पुराना परिचित चेहरा।

बस इतना ही।

लेकिन ज़िंदगी का हास्यबोध बड़ा अजीब होता है।

सालों बाद जब भी मुझे वह घटना याद आई, मैं खुद पर हँसे बिना नहीं रह पाया।

क्योंकि जिस लड़की को मैंने उस दिन बिना सोचे-समझे वहीं छोड़ दिया था, वही आगे चलकर मेरी ज़िंदगी का सबसे महत्वपूर्ण हिस्सा बनने वाली थी।

अगर उस दिन कोई मुझसे कह देता कि यही लड़की एक दिन मेरी पूरी कहानी की दिशा बदल देगी, तो मैं शायद उस पर हँस देता।

कुछ कहानियाँ बड़ी मुलाकातों से शुरू होती हैं।

कुछ नाटकीय घटनाओं से।

मेरी कहानी की शुरुआत तो मुझसे उससे दूर चले जाने से हुई थी।

उसके बाद के कुछ साल सामान्य ही रहे।

School चलता रहा।

Classes

Homework

Exams

Friends

Family functions

Festivals

और **Sikanderpur** की वही परिचित ज़िंदगी।

मेरी दुनिया अब भी इतनी छोटी थी कि संभाली जा सके।

मुझे पढ़ाई की चिंता होती थी।

छुट्टियों का इंतज़ार रहता था।

दोस्तों के साथ शामें बीतती थीं।

और बाकी बच्चों की तरह मुझे भी लगता था कि ज़िंदगी हमेशा ऐसी ही रहेगी।

भविष्य अब भी बहुत दूर था।

प्यार सिर्फ फिल्मों और गानों की चीज़ लगता था।

दिल टूटना किसी और की कहानी लगती थी।

ज़िम्मेदारियाँ बड़ों की दुनिया का हिस्सा थीं।

इनमें से कोई भी चीज़ मुझे अपने जीवन से जुड़ी हुई नहीं लगती थी।

अभी नहीं।

लेकिन ज़िंदगी कभी अपने मोड़ पहले से नहीं बताती।

सबसे बड़े बदलाव अक्सर चुपचाप आते हैं।

बिना शोर के।

बिना चेतावनी के।

बिना किसी नाटकीय संकेत के।

वे धीरे-धीरे हमारी ज़िंदगी की सतह के नीचे जगह बनाते रहते हैं।

और जब तक हम उन्हें पहचान पाते हैं, वे हमें बदलना शुरू कर चुके होते हैं।

उस समय मुझे इसका कोई अंदाज़ा नहीं था।

मैं अब भी बस एक schoolboy था, जो classes, दोस्तों और साधारण दिनों के बीच अपनी दुनिया जी रहा था।

मुझे नहीं पता था कि मासूमियत की भी एक उम्र होती है।

मुझे नहीं पता था कि कुछ नए लोग मेरी ज़िंदगी में आने वाले हैं।

मुझे नहीं पता था कि ऐसे एहसास मेरा इंतज़ार कर रहे हैं, जिन्हें मैंने पहले कभी महसूस नहीं किया था।

तूफ़ान अभी दूर थे।

लेकिन उन शांत वर्षों की सतह के नीचे, पहली दरारें बननी शुरू हो चुकी थीं।

अध्याय 3

वह मौसम जिसने सब बदल दिया

आज जब मैं पीछे मुड़कर देखता हूँ, तो अक्सर सोचता हूँ कि अगर उस दोपहर मैंने कोई दूसरा रास्ता चुना होता, तो क्या मेरी ज़िंदगी अलग होती?

शायद कुछ भी नहीं बदलता।

शायद सब कुछ बदल जाता।

लेकिन सच यह है कि ज़िंदगी कभी अपने सबसे बड़े मोड़ों की घोषणा नहीं करती। जो पल हमें हमेशा के लिए बदल देते हैं, वे अक्सर उसी समय बिल्कुल साधारण दिखाई देते हैं। उनके साथ कोई संगीत नहीं बजता, कोई संकेत नहीं मिलता, कोई चेतावनी नहीं आती। वे बस चुपचाप आते हैं और हमारी कहानी का हिस्सा बन जाते हैं।

साल 2017 की गर्मियाँ भी ऐसी ही थीं।

Sikanderpur की हर गर्मी की तरह वह मौसम भी तपती धूप और धूल भरी हवाओं के साथ आया था। दोपहरें इतनी लंबी लगती थीं, जैसे समय खुद थककर कहीं रुक गया हो। सड़कों पर धूल की परत जमी रहती, दुकानों पर सन्नाटा छा जाता और लोग शाम होने तक घरों के भीतर ही रहना पसंद करते।

उस समय मैं **Class 7** में पढ़ता था।

ज़िंदगी बेहद सरल थी।

मेरी दुनिया अभी इतनी छोटी थी कि उसे समझा जा सकता था।

School, दोस्त, cricket, homework, family functions और **summer vacations** — बस यही मेरी दुनिया थी।

सपने थे, लेकिन मासूम थे। उन पर ज़िम्मेदारियों का बोझ नहीं था। मैंने कभी दिल टूटने का दर्द नहीं जाना था। प्यार मेरे लिए सिर्फ फिल्मों और गानों की चीज़ था। भविष्य इतना दूर लगता था कि उसके बारे में सोचने की भी ज़रूरत महसूस नहीं होती थी।

मैं बस जी रहा था।

और मुझे पूरा विश्वास था कि ज़िंदगी हमेशा ऐसी ही रहेगी।

एक दिन **summer vacation** के दौरान मैं बाज़ार गया हुआ था। कोई खास वजह नहीं थी। कोई यादगार घटना नहीं हुई थी। बस एक साधारण दिन था, बिल्कुल बाकी दिनों की तरह।

वापसी में मैं **Teen Muhani** पहुँचा—वह जगह जहाँ तीन रास्ते आकर मिलते थे। मैं वहाँ अनगिनत बार आ-जा चुका था। उस दिन भी सब कुछ सामान्य ही था।

फिर अचानक मौसम बदल गया।

तेज़ हवा का एक झोंका आया।

कुछ ही सेकंड में चारों तरफ धूल उड़ने लगी।

आसमान का रंग बदल गया।

लोग रुक गए।

दुकानदार अपनी चीज़ें समेटने लगे।

बाइक और साइकिल चलाने वाले धीरे हो गए।

कुछ लोगों ने रूमाल से अपना चेहरा ढक लिया, जबकि कुछ वहीं खड़े होकर आँधी रुकने का इंतज़ार करने लगे।

कुछ क्षणों के लिए सब कुछ गायब हो गया।

सड़क।

दुकानें।

लोग।

जैसे पूरी दुनिया धूल की चादर के पीछे छिप गई हो।

मैं भी वहीं रुक गया।

धीरे-धीरे हवा शांत होने लगी।

धूल वापस ज़मीन पर बैठने लगी।

आकृतियाँ फिर से दिखाई देने लगीं।

सड़क वापस लौट आई।

दुकानें वापस दिखने लगीं।

और फिर...

मैंने उसे देखा।

एक **balcony** पर खड़ी हुई एक लड़की।

बस इतना ही।

कोई फिल्मी संगीत नहीं।

कोई बातचीत नहीं।

कोई परिचय नहीं।

सिर्फ एक लड़की **balcony** पर खड़ी थी और नीचे सड़क पर खड़ा एक लड़का उसे देख रहा था।

कुछ पल के लिए हमारी नज़रें मिलीं।

फिर वह पल गुज़र गया।

वह वहीं खड़ी रही।

और मैं घर की ओर चल पड़ा।

कुछ भी नहीं हुआ।

लेकिन फिर भी, कुछ मेरे साथ रह गया।

आज इतने साल बाद भी मैं ठीक-ठीक नहीं बता सकता कि वह दृश्य मेरी यादों में क्यों रह गया।

शायद वह संयोग था।

शायद जिज्ञासा।

शायद किस्मत।

या शायद कुछ यादें हमें चुन लेती हैं, इससे पहले कि हम उन्हें चुनें।

उस दिन की बाकी शाम सामान्य रही।

लेकिन बीच-बीच में मेरा मन उसी लड़की की ओर लौट जाता।

वह कौन थी?

क्या वह वहीं रहती थी?

क्या मैंने उसे पहले कभी देखा था?

और अगर देखा भी था, तो मैं उसे याद क्यों कर रहा था?

ये सवाल आते और चले जाते।

फिर धीरे-धीरे ज़िंदगी आगे बढ़ गई।

कम से कम मुझे ऐसा ही लगा।

कुछ हफ्तों बाद **summer vacation** खत्म हुई और **school** फिर से शुरू हो गया।

हर दिन की तरह उस सुबह भी मैं **Bus Stop** पर **school bus** का इंतज़ार कर रहा था। बच्चे अपने-अपने groups में खड़े थे। कोई homework की बात कर रहा था, कोई छुट्टियों की, कोई teachers की।

सब कुछ सामान्य था।

फिर मेरी नज़र एक परिचित चेहरे पर पड़ी।

एक पल के लिए मुझे लगा कि शायद मैं गलत देख रहा हूँ।

मैंने दोबारा देखा।

वह वही थी।

Balcony वाली वही लड़की।

इस बार वह किसी **balcony** पर नहीं थी।

वह हमारे बीच खड़ी थी।

उसी भीड़ में।

उसी **bus stop** पर।

उन्हीं छात्रों के बीच, जिन्हें मैं पहले से जानता था।

कुछ क्षणों तक मैं सिर्फ उसे देखता रहा।

क्योंकि हैरानी हो रही थी।

पूरे **Sikanderpur** में से वह लड़की उसी दुनिया का हिस्सा निकली, जिसमें मैं रहता था।

कुछ समय बाद मुझे उसका नाम पता चला।

Ayu.

वह मेरी बहन की classmate थी।

वह **Class 9** में पढ़ती थी और मैं **Class 7** में।

Classes अलग थीं, लेकिन उम्र में लगभग एक साल का ही अंतर था।

शुरुआत में वह सिर्फ एक लड़की थी, जिस पर मेरी नज़र चली जाती थी।

फिर वह एक ऐसी लड़की बन गई, जिसे मैं ढूँढ़ने लगा।

फिर वह एक ऐसी मौजूदगी बन गई, जिसकी मुझे आदत हो गई।

और मुझे खुद समझ नहीं आया कि कब हर सुबह उसे देखना मेरी दिनचर्या का हिस्सा बन गया।

उन्हीं दिनों मेरे सबसे करीबी दोस्त थे—**Abhishek** और **Ashish**।

Abhishek Rahilapali में रहता था और **Ashish** का घर **Ayu** के घर के पास था।

हम तीनों लगभग हर समय साथ रहते थे।

Bus में साथ बैठना।

गाने गाना।

मज़ाक करना।

बेकार की बातों पर हँसना।

और घंटों बातें करते रहना।

आज पीछे मुड़कर देखता हूँ, तो लगता है कि उन गानों का असली audience सिर्फ एक ही इंसान थी।

मैंने यह बात कभी किसी से नहीं कही।

अपने दोस्तों से भी नहीं।

खुद से भी नहीं।

लेकिन कहीं न कहीं मैं चाहता था कि वह मुझे notice करे।

मुस्कुराए।

और मुझे उसी तरह याद रखे, जैसे मैं उसे याद रखने लगा था।

शायद भावनाएँ हमेशा ऐसे ही शुरू होती हैं।

एक ही दिन में नहीं।

कोई सुबह उठकर अचानक प्यार में नहीं पड़ जाता।

भावनाएँ धीरे-धीरे जन्म लेती हैं।

एक नज़र।

एक मुस्कान।

एक बातचीत।

एक छोटा-सा पल।

फिर दूसरा।

फिर तीसरा।

और फिर एक दिन आपको एहसास होता है कि कोई आपकी सोच से कहीं ज़्यादा महत्वपूर्ण हो चुका है।

मेरे साथ भी यही हुआ।

जिज्ञासा धीरे-धीरे प्रशंसा में बदली।

प्रशंसा लगाव में बदली।

और लगाव कुछ और गहरा बन गया।

पहली बार मेरी ज़िंदगी में कोई ऐसा था, जो मेरी सोच में ज़रूरत से ज़्यादा जगह लेने लगा था।

मैं उसे तलाशता था।

उसका इंतज़ार करता था।

उसके बारे में सोचता था।

और मुझे खुद समझ नहीं आता था कि ऐसा क्यों हो रहा है।

चौदह साल की उम्र में मेरे पास उन भावनाओं को समझाने के लिए शब्द नहीं थे।

मुझे बस इतना पता था कि जब वह **bus stop** पर होती थी, तो मेरी सुबह बेहतर लगती थी।

और किसी कारण से, वह बात मेरे लिए बहुत महत्वपूर्ण थी।

मुझे नहीं पता था कि यह रास्ता आगे कहाँ ले जाएगा।

उस समय मुझे लगता था कि मैंने अपनी ज़िंदगी में कुछ बहुत सुंदर खोज लिया है।

मुझे नहीं पता था कि सबसे खूबसूरत चीज़ें कभी-कभी सबसे गहरे निशान छोड़ जाती हैं।

लेकिन वह सीख अभी भविष्य में मेरा इंतज़ार कर रही थी।

फिलहाल, मैं बस चौदह साल का एक लड़का था।

जो हर सुबह **bus stop** पर खड़ा होता था।

एक **bus** का इंतज़ार करता था।

और किसी और का भी।

आज जब मैं उस लड़के को याद करता हूँ, तो कभी-कभी उसका कंधा पकड़कर उसे चेतावनी देने का मन करता है।

इसलिए नहीं कि प्यार करना गलत था।

बल्कि इसलिए कि पहला प्यार इंसान को हमेशा के लिए बदल देता है।

वह उम्मीद सिखाता है।

इंतज़ार सिखाता है।

और अंत में...

खोना भी सिखाता है।

लेकिन उस समय इनमें से कुछ भी नहीं हुआ था।

कहानी अभी शुरू ही हुई थी।

और हर शुरुआत की तरह, वह भी बेहद खूबसूरत लग रही थी।

अंत अभी बहुत दूर था।

बहुत दूर।

साल 2020 की शुरुआत तक आते-आते, **वो** मेरी ज़िंदगी का हिस्सा नहीं रही थी।

लेकिन वह भूली हुई याद भी नहीं बनी थी।

वह उन यादों में से एक थी, जो दिल के किसी कोने में चुपचाप बैठी रहती हैं।

कभी कोई गाना उसे वापस ले आता।

कभी कोई पुरानी chat।

कभी कोई जगह।

और कभी बिना किसी वजह के ही उसकी याद चली आती।

लोग कहते हैं कि समय हर घाव भर देता है।

मुझे नहीं लगता, यह पूरी तरह सच है।

समय हर घाव नहीं भरता।

वह बस हमें उन्हें लेकर जीना सिखा देता है।

और उस उम्र में मैं यही सीख रहा था।

मैं लंबे समय तक जवाब खोजता रहा।

यह समझने की कोशिश करता रहा कि आखिर हुआ क्या था।

क्या गलती मेरी थी?

क्या वह बदल गई थी?

या फिर कुछ कहानियाँ बस इसलिए खत्म हो जाती हैं, क्योंकि उनका अंत पहले से लिखा होता है?

सबसे अजीब बात यह थी कि उन दिनों मैं अपनी कई बातें एक ऐसे इंसान से साझा करने लगा था, जो वर्षों से मेरी कहानी का छोटा-सा हिस्सा रहा था।

एक ऐसा नाम, जिसे मैंने बचपन में सुना था।

एक ऐसी लड़की, जिसे मैंने कभी बिना सोचे-समझे नज़रअंदाज़ कर दिया था।

एक ऐसी मौजूदगी, जिसकी अहमियत मुझे तब तक समझ नहीं आई थी।

और मुझे बिना एहसास हुए, मेरी ज़िंदगी का एक नया अध्याय शुरू हो चुका था।

अध्याय 4

हमारे हिस्से का हमेशा

साल 2020 तक आते-आते, उन दिनों को कई साल बीत चुके थे, जब **Mini** और मैं मेरे घर पर होने वाली tuition classes में साथ बैठा करते थे। अब हम दोनों बच्चे नहीं रहे थे, जो simple mathematics problems में उलझ जाया करते थे। हमारे आसपास की दुनिया बदल चुकी थी। School पहले से ज़्यादा गंभीर हो गया था, दोस्तियाँ पहले से ज़्यादा जटिल लगने लगी थीं, और ज़िंदगी अपने साथ ऐसे बोझ लेकर आ रही थी, जिन्हें उस उम्र में पूरी तरह समझ पाना आसान नहीं था।

फिर भी, इतने वर्षों बाद हमारी राहें एक बार फिर टकराईं।

सबसे दिलचस्प बात यह थी कि हमारी कहानी की शुरुआत प्यार से नहीं हुई।

न किसी confession से।

न किसी फिल्मी मुलाकात से।

और न ही दोस्ती से।

हमारी कहानी की शुरुआत हुई थी मेरे टूटे हुए दिल से।

उस समय तक **Ayu** का अध्याय खत्म हो चुका था, लेकिन उसकी परछाईं अभी भी मेरे साथ चल रही थी। मेरे मन में अनगिनत सवाल थे। क्या हुआ था? क्यों हुआ था? क्या मैं कुछ अलग कर सकता था? क्या कहानी का अंत रोका जा सकता था?

इन सवालों के जवाब ढूँढ़ते-ढूँढ़ते मैं अक्सर **Mini** तक पहुँच जाता था।

कभी सीधे पूछता।

कभी घुमा-फिराकर।

कभी वही पुरानी बातें बार-बार दोहराता, जैसे उन्हें ज़ोर से बोल देने से दर्द थोड़ा कम हो जाएगा।

लेकिन ऐसा कभी नहीं हुआ।

दर्द वहीं रहा।

फ़र्क सिर्फ इतना था कि अब कोई उसे सुनने वाला था।

ये सुनती थी।

धैर्य से।

शांति से।

बिना बीच में टोके।

बिना खुद को कहानी का नायक बनाने की कोशिश किए।

आज पीछे मुड़कर देखता हूँ, तो महसूस होता है कि उस समय मैंने उसकी इस बात की अहमियत को पूरी तरह समझा ही नहीं था।

ज़्यादातर लोग सलाह देना चाहते हैं।

ज़्यादातर लोग समाधान ढूँढ़ना चाहते हैं।

ज़्यादातर लोग आपकी बात पूरी होने से पहले ही अपनी राय देने लगते हैं।

लेकिन **मिनी** अलग थी।

वह बस सुनती थी।

और कई बार किसी टूटे हुए इंसान को सलाह नहीं, सिर्फ एक सुनने वाला चाहिए होता है।

वह उन लोगों को जानती थी, जो इस पूरी कहानी का हिस्सा थे। उसे कुछ ऐसी बातें पता थीं, जो मुझे नहीं पता थीं। उसी के ज़रिए मुझे **Ayu** के बारे में कई ऐसी सच्चाइयाँ पता चलीं, जिन्हें मैं पहले कभी नहीं जानता था।

कुछ जवाबों ने मन को सुकून दिया।

कुछ ने नए ज़ख्म बना दिए।

और कुछ ऐसे भी थे, जिनके बारे में जानकर लगा कि शायद सवाल पूछना ही नहीं चाहिए था।

क्योंकि हर सच राहत नहीं देता।

कुछ सच सिर्फ दर्द का रूप बदल देते हैं।

उसी दौरान मेरी ज़िंदगी का एक और रिश्ता धीरे-धीरे टूटने लगा।

Ashish के साथ मेरी दोस्ती।

Ayu से जुड़ी कुछ बातों और गलतफहमियों ने हमारे बीच दूरी पैदा कर दी। छोटी-छोटी बातें बहसों में बदलीं, बहसें ख़ामोशी में, और ख़ामोशी धीरे-धीरे दूरी बन गई।

तब पहली बार मुझे एहसास हुआ कि दिल टूटने का असर सिर्फ एक रिश्ते पर नहीं पड़ता।

उसकी लहरें दूर तक जाती हैं।

और कई बार वे उन चीज़ों को भी छू जाती हैं, जिनका उससे कोई सीधा संबंध नहीं होता।

आज सोचता हूँ, तो लगता है कि 2020 सिर्फ किसी को खोने का साल नहीं था।

वह साल था, जब ज़िंदगी चुपचाप खुद को दोबारा व्यवस्थित कर रही थी।

एक अध्याय समाप्त हो रहा था।

दूसरा शुरू हो रहा था।

और इनमें से किसी ने भी आने से पहले कोई सूचना नहीं दी थी।

शुरुआत में **Mini** और मेरी बातचीत बहुत सामान्य थी।

कभी-कभार message।

कभी छोटी-सी chat।

कभी कोई साधारण बातचीत।

कुछ भी ऐसा नहीं, जो उस समय खास लगे।

लेकिन रिश्ते अचानक नहीं बनते।

वे धीरे-धीरे बनते हैं।

एक बातचीत दूसरी में बदलती है।

दूसरी तीसरी में।

फिर रोज़ की बातचीत में।

और फिर एक दिन आपको एहसास होता है कि किसी से बात करना आपकी दिनचर्या का हिस्सा बन चुका है।

हमारे साथ भी यही हुआ।

कुछ दिनों की बातचीत हफ्तों में बदल गई।

हफ्ते महीनों में।

और पता ही नहीं चला कि कब उसके messages का इंतज़ार करना उतना ही सामान्य हो गया, जितना समय देखना।

उस दौर की एक बात आज भी याद करके मुस्कान आ जाती है।

हमारी ज़्यादातर बातें उसकी बड़ी बहन के phone से होती थीं।

इसका मतलब था कि हर बातचीत के साथ थोड़ी-सी अनिश्चितता भी जुड़ी रहती थी।

कभी phone उसके पास होता।

कभी नहीं।

कभी बात अचानक बीच में रुक जाती।

कभी reply आने में घंटों लग जाते।

और कभी पूरा दिन निकल जाता।

लेकिन चाहे हालात कितने भी मुश्किल क्यों न हों, हम हमेशा वापस बात करने लगते।

हर बार।

आज समझ आता है कि लोग समय उसी के लिए निकालते हैं, जो उनके लिए महत्वपूर्ण होता है।

और जब कोई सच में महत्वपूर्ण हो, तो मुश्किलें बातचीत को रोक नहीं पातीं।

हाँ, एक चीज़ जरूर कभी नहीं बदली।

उसे चिढ़ाने की मेरी आदत।

मैं उसे हर बात पर चिढ़ाता था।

अगर वह serious होती, तो चिढ़ाता।

अगर नाराज़ होती, तो और ज़्यादा चिढ़ाता।

अगर शिकायत करती, तो मुझे और मज़ा आता।

आज सोचता हूँ, तो लगता है कि उसकी आधी डाँटें मैं पूरी तरह deserve करता था।

Mini हमेशा यही कहती थी कि उसे मेरा मज़ाक पसंद नहीं है।

वह नाराज़ होती।

बहस करती।

कहती कि अब बात नहीं करेगी।

कई बार सच में गुस्सा भी हो जाती।

लेकिन अजीब बात यह थी कि हमारी बातचीत कभी रुकती नहीं थी।

अगले दिन फिर बात होती।

उसके अगले दिन भी।

और उसके अगले दिन भी।

यही हमारा तरीका बन गया था।

हमारी अपनी एक अजीब-सी rhythm।

आज पीछे मुड़कर देखता हूँ, तो लगता है कि उन महीनों में कुछ बहुत महत्वपूर्ण हो रहा था।

कुछ ऐसा, जिसे हम दोनों में से कोई भी समझ नहीं रहा था।

मैं वर्षों से उस इंसान को पकड़े बैठा था, जो मेरी ज़िंदगी से जा चुका था।

मैं उस कमी में इतना उलझा हुआ था कि यह देख ही नहीं पाया कि मेरे पास कौन मौजूद था।

वो मौजूद थी।

वह किसी की जगह लेने की कोशिश नहीं कर रही थी।

वह महत्वपूर्ण बनने की कोशिश नहीं कर रही थी।

वह मुझसे कुछ माँग नहीं रही थी।

वह बस वहाँ थी।

सुनती हुई।

हँसती हुई।

बहस करती हुई।

और सबसे महत्वपूर्ण...

रुकती हुई।

कई बार हमारी ज़िंदगी बदलने वाले लोग वे नहीं होते, जो किसी तूफ़ान की तरह आते हैं।

वे होते हैं, जो चुपचाप हमारे साथ बने रहते हैं।

उस समय हम दोनों में से किसी को नहीं पता था कि यह दोस्ती आगे कहाँ जाएगी।

हम बस दो किशोर थे, जो अपनी-अपनी ज़िंदगी के छोटे-छोटे हिस्से एक-दूसरे से बाँट रहे थे।

एक-दूसरे को जान रहे थे।

एक-दूसरे की आदतों को समझ रहे थे।

और बिना महसूस किए करीब आते जा रहे थे।

ज़िंदगी के सबसे महत्वपूर्ण अध्याय कभी शुरू होने से पहले अपना परिचय नहीं देते।

न कोई संगीत बजता है।

न कोई संकेत मिलता है।

न कोई अचानक एहसास होता है।

बस साधारण दिनों में साधारण बातचीत होती रहती है।

और फिर एक दिन पीछे मुड़कर देखने पर पता चलता है कि कुछ असाधारण चुपचाप जन्म ले रहा था।

हमारे साथ भी यही हो रहा था।

हमें अभी इसका एहसास नहीं था।

लेकिन एक नया अध्याय शुरू हो चुका था।

और वह हमारी दोनों ज़िंदगियों को हमेशा के लिए बदलने वाला था।

साल 2020 का दूसरा आधा हिस्सा आते-आते **वो** मेरी रोज़मर्रा की ज़िंदगी का हिस्सा बन चुकी थी।

सबसे अजीब बात यह थी कि हम दोनों को याद भी नहीं था कि यह कब हुआ।

कोई खास दिन नहीं था।

कोई बड़ा मोड़ नहीं था।

कोई फिल्मी एहसास नहीं था।

बस सैकड़ों छोटी-छोटी बातचीतें थीं, जिन्होंने धीरे-धीरे हमारे बीच कुछ ऐसा बना दिया था, जिसकी हमने कभी उम्मीद नहीं की थी।

हमारी ज़्यादातर बातें बेहद सामान्य होती थीं।

School.

Teachers.

Classmates.

Family.

और रोज़मर्रा की छोटी-छोटी घटनाएँ।

कई बार तो ऐसी बातें भी, जिनका कोई मतलब नहीं होता था।

लेकिन फिर भी वे कभी बेकार नहीं लगती थीं।

यहाँ तक कि किसी बिल्कुल सामान्य दिन पर भी अगर कोई मज़ेदार घटना होती, कोई परेशानी होती, या रास्ते में कुछ अजीब दिख जाता, तो सबसे पहले उसका ख्याल आता।

मैं उसे बताना चाहता था।

धीरे-धीरे उससे बात करना एक आदत नहीं रहा।

वह सुकून बन गया।

फिर आया **Teacher's Day**।

एक ऐसा दिन, जिसे मैंने उस समय सामान्य समझा था, लेकिन जो आज भी मेरी यादों में ज़िंदा है।

School का माहौल अलग था।

हर तरफ उत्साह था।

Teachers खुश थे।

Students और भी ज़्यादा।

और उसी भीड़ के बीच **Mini** पहली बार **saree** पहनकर आई।

आज भी वह दृश्य मुझे याद है।

इसलिए नहीं कि वह किसी फिल्म का scene था।

बल्कि इसलिए कि उसी दिन मेरे भीतर कुछ बदल गया था।

पहली बार मैंने उसे अलग नज़र से देखा।

सिर्फ एक दोस्त की तरह नहीं।

सिर्फ उस लड़की की तरह नहीं, जिससे मैं रोज़ बात करता था।

कुछ बदल चुका था।

हालाँकि उस समय मेरे पास उसे समझाने के लिए कोई शब्द नहीं थे।

बस एहसास था।

मुझे याद है कि उस दिन मैं किसी बहाने **bus stop** तक गया था।

आज सोचता हूँ, तो खुद पर हँसी आती है।

लोग किसी दोस्त को देखने के लिए यूँ ही रास्ता नहीं बदलते।

लेकिन उस समय मैं खुद से भी सच छिपा रहा था।

शाम को कई students **Restaurant** में मिले।

उस समय वह एक साधारण gathering थी।

आज वह एक याद है।

ज़िंदगी की सबसे अजीब बात यही है।

जब हम किसी पल को जी रहे होते हैं, तब हमें पता ही नहीं होता कि वही पल आगे चलकर हमारी सबसे प्यारी याद बन जाएगा।

अगले दिन उसने पहली बार अपनी photo भेजी।

आज के समय में यह बहुत सामान्य बात लग सकती है।

लेकिन तब ऐसा नहीं था।

उस photo का एक अलग महत्व था।

मुझे आज भी याद है कि मैंने उसे कितनी बार देखा था।

एक बार।

फिर दोबारा।

फिर बिना किसी वजह के कई बार।

सिर्फ इसलिए क्योंकि उसे देखकर मुस्कुराहट आ जाती थी।

महीने बीतते गए।

Chats लंबी होने लगीं।

Chats phone calls में बदलीं।

Phone calls video calls में।

और बिना किसी घोषणा के हम दोनों एक-दूसरे की रोज़मर्रा की ज़िंदगी का हिस्सा बन गए।

कुछ दिन घंटों बात होती।

कुछ दिन बेवजह बहस।

कुछ दिन हँसी इतनी कि वाक्य पूरे नहीं हो पाते।

और कुछ दिन एक-दूसरे को परेशान करने में निकल जाते।

लेकिन हर बार बातचीत वापस शुरू हो जाती।

हर बार।

आज सोचता हूँ, तो लगता है कि असली संकेत यही था।

न photo।

न calls।

न excitement।

न खुशी।

असल संकेत था—**consistency**।

हर बार हम लौट आते थे।

फिर से।

और फिर से।

और फिर से।

हमें नहीं पता था कि यह रास्ता कहाँ जाएगा।

हमें नहीं पता था कि हमारी ज़िंदगियाँ कितनी गहराई से एक-दूसरे से जुड़ने वाली हैं।

हमें बस इतना पता था कि एक-दूसरे से बात करना अब सामान्य नहीं रहा था।

वह ज़रूरी हो चुका था।

और शायद प्यार की शुरुआत हमेशा ऐसे ही होती है।

न आतिशबाज़ियों से।

न बड़े-बड़े इज़हारों से।

न किसी फिल्मी किस्मत से।

बल्कि सुकून से।

मौजूदगी से।

और उस एहसास से कि कोई इंसान धीरे-धीरे आपकी ज़िंदगी का इतना बड़ा हिस्सा बन चुका है कि आपको याद ही नहीं कि उसके आने से पहले ज़िंदगी कैसी थी।

और 2020 के उन आख़िरी महीनों में, बिना जाने, बिना समझे, हमारी दोस्ती चुपचाप कुछ और बन रही थी।

अध्याय 5

जब दोस्ती ने प्रेम का रूप लिया

साल 2021 की सर्दियाँ चुपचाप **Sikanderpur** में उतर आई थीं। सुबहें पहले से ठंडी हो गई थीं, शामें जल्दी ढलने लगी थीं, और सूरज निकलने से पहले अक्सर सड़कों पर हल्की धुंध बिछ जाती थी। बाहर से सब कुछ पहले जैसा ही था—**school, family, friends** और छोटे शहर की वही परिचित दिनचर्या। लेकिन उन साधारण दिनों के भीतर, **Mini** और मेरे बीच कुछ बदलना शुरू हो चुका था।

हम दोनों में से किसी ने उसे नाम नहीं दिया था।

किसी ने उसके बारे में खुलकर बात भी नहीं की थी।

लेकिन वह बदलाव मौजूद था।

धीरे-धीरे बढ़ता हुआ।

चुपचाप अपनी जगह बनाता हुआ।

जनवरी की एक सुबह मैंने **उसे मंदिर** चलने के लिए कहा। **Krish** भी हमारे साथ था, इसलिए बाहर से देखने पर वह एक सामान्य outing ही लग रही थी। घर से निकलने से पहले मैंने उसके लिए एक cupcake खरीदा था। वह कोई महँगा gift नहीं था, न ही उसमें कुछ खास था। लेकिन आज पीछे मुड़कर देखता हूँ, तो समझ आता है कि बात cupcake की नहीं थी।

बात **Mini** की थी।

उस दिन हम साथ घूमे, बातें कीं, हँसे और समय बिताया। कोई फिल्मी पल नहीं था। कोई dramatic confession नहीं हुआ। बस एक सुकून था, एक खुशी थी, जो उस समय बहुत साधारण लग रही थी।

लेकिन उसी शाम मैंने अपनी ज़िंदगी की सबसे अजीब गलतियों में से एक कर दी।

न जाने किस सोच में, मैंने उससे पूछ लिया कि क्या हम "सिर्फ दोस्त" बने रह सकते हैं।

आज तक मैं पूरी तरह नहीं समझ पाया कि उस समय मेरे मन में क्या चल रहा था।

शायद मैं डर गया था।

शायद मैं खुद अपनी भावनाओं से उलझा हुआ था।

या शायद मैं उन एहसासों से बचने की कोशिश कर रहा था, जिन्हें मैं पहले ही महसूस करने लगा था।

जो भी वजह रही हो, वह सवाल मैंने पूछ लिया।

मेरे लिए वह सिर्फ एक सवाल था।

लेकिन उसके लिए शायद वह एक ठुकराहट जैसा लगा।

उसी दिन मैंने पहली बार समझा कि एक ही वाक्य दो लोगों के लिए दो बिल्कुल अलग अर्थ रख सकता है।

कुछ दिन बीत गए। ज़िंदगी पहले की तरह चलती रही। **School** चलता रहा। बातचीत भी चलती रही। लेकिन उस दिन की ख़ामोशी मेरे भीतर कहीं रह गई।

क्योंकि उस सवाल ने मुझे एक सच्चाई दिखा दी थी।

अगर **वो** सिर्फ एक दोस्त होती, तो मुझे उसे खोने का डर कभी नहीं होता।

लेकिन मुझे डर था।

जितना मैं मानना चाहता था, उससे कहीं ज़्यादा।

उन्हीं दिनों मैंने काँच से बना एक दिल तैयार करना शुरू किया। घंटों बैठकर उसे बनाता रहा। बड़ी सावधानी से, बड़े धैर्य से। उस समय मुझे खुद नहीं पता था कि मैं ऐसा क्यों कर रहा हूँ।

आज लगता है कि शायद कुछ भावनाएँ ऐसी होती हैं, जिन्हें इंसान शब्दों में नहीं कह पाता, इसलिए उन्हें किसी और रूप में व्यक्त करता है।

जब वह glass टूट गया, तो मुझे जितना दुख हुआ, वह एक साधारण काँच के टुकड़े के लिए ज़्यादा था।

आज सोचता हूँ, तो वह घटना प्रतीक जैसी लगती है।

कुछ चीज़ें खूबसूरत इसलिए होती हैं क्योंकि वे नाज़ुक होती हैं।

और कुछ भावनाएँ भी।

फरवरी आया और अपने साथ नए एहसास लेकर आया।

एक दिन पता चला कि **वह** अपनी बड़ी बहन के साथ **लखनऊ** जा रही है।

मेरे पास उसके घर के पास खड़े होने की कोई वजह नहीं थी।

न कोई काम।

न कोई बहाना।

फिर भी मैं वहाँ था।

इंतज़ार करता हुआ।

और खुद को यह यकीन दिलाता हुआ कि मैं इंतज़ार नहीं कर रहा।

सच तो यह था कि मैं उसे जाने से पहले एक बार देखना चाहता था।

भले कुछ सेकंड के लिए।

भले वह मुझे notice भी न करे।

तब तक मेरा दिल वह बात समझ चुका था, जिसे मेरा दिमाग अभी भी स्वीकार नहीं कर रहा था।

फिर तीन दिन बाद सब कुछ बदल गया।

उस रात की बातचीत भी बाकी रातों की तरह ही शुरू हुई थी। एक सामान्य call। दो लोगों के बीच एक सामान्य बातचीत।

लेकिन उस रात मेरे भीतर महीनों से जमा शब्द और नहीं रुक पाए।

दिल ज़ोर से धड़क रहा था।

हाथ ठंडे पड़ चुके थे।

और फिर पहली बार मैंने वे तीन शब्द कहे, जो शायद बहुत पहले से मेरे भीतर थे।

"I love you."

उसके बाद जो ख़ामोशी आई, वह आज भी याद है।

वह असहज नहीं थी।

डरावनी भी नहीं थी।

बस महत्वपूर्ण थी।

ऐसी ख़ामोशी, जो तब आती है जब ज़िंदगी हमेशा के लिए बदलने वाली हो।

मुझे उस call के हर शब्द याद नहीं हैं।

लेकिन मुझे यह याद है कि उसके बाद मैं कैसा महसूस कर रहा था।

कमरा वही था।

रात वही थी।

दुनिया वही थी।

लेकिन फिर भी सब कुछ बदल चुका था।

क्योंकि पहली बार मेरे दिल की बात सिर्फ मेरे दिल तक सीमित नहीं रही थी।

वह दुनिया में आ चुकी थी।

और अब उसे वापस नहीं लिया जा सकता था।

कुछ हफ्तों बाद **Holi** आई।

ज़्यादातर लोगों के लिए **Holi** रंगों का त्योहार होती है।

मेरे लिए वह एक याद बन गई।

मैंने उस पल की न जाने कितनी बार कल्पना की थी।

मैं उसके पास जाऊँगा।

मुस्कुराऊँगा।

उसे रंग लगाऊँगा।

और **Holi** wish करूँगा।

योजना बहुत आसान थी।

लेकिन जब सच में वह सामने आई, तो मेरी सारी हिम्मत गायब हो गई।

दिल तेज़ धड़कने लगा।

हाथ ठंडे पड़ गए।

और एक छोटा-सा रंग लगाना भी मुश्किल लगने लगा।

मैं बस खड़ा रह गया।

पूरी तरह घबराया हुआ।

पूरी तरह बेकार।

बाद में **दोस्त** के घर पर हम फिर मिले।

भीड़ से दूर।

शोर से दूर।

और आखिरकार वह पल आया।

हमने एक-दूसरे को रंग लगाया।

बस कुछ सेकंड का पल था।

लेकिन वह हमारी शुरुआती यादों में सबसे खूबसूरत बन गया।

क्योंकि यादें घटनाओं से नहीं, भावनाओं से बनती हैं।

और उस पल में भावनाएँ बहुत थीं।

जैसे-जैसे हमारा रिश्ता गहरा होता गया, वैसे-वैसे उससे जुड़ी उम्मीदें भी बढ़ने लगीं।

एक दिन हम सब **Restaurant** में मिले। **Krish** था, **उसकी दोस्त** थी, **दोस्त का साथी** था और **Mini** भी थी।

उसे एक खुश दिन होना चाहिए था।

लेकिन मैं ज़्यादातर समय अपने phone में उलझा रहा।

Messages.

Notifications.

बेमतलब की चीज़ें।

और फिर किसी बात पर मैंने **उसको** डाँट दिया।

उस समय वह एक छोटी-सी बात लगी।

लेकिन अगले दिन video call पर मैंने उसे रोते हुए देखा।

पहली बार।

उस पल मेरे भीतर कुछ टूट गया।

क्योंकि पहली बार मुझे एहसास हुआ कि उसकी खुशी मेरे लिए कितनी महत्वपूर्ण हो चुकी थी।

उसे दुखी देखना, खुद दुखी होने से ज़्यादा दर्दनाक था।

और यही एहसास मुझे डरा भी गया।

क्योंकि उसने बता दिया कि मैं कितना आगे बढ़ चुका हूँ।

उसी समय उसे typhoid का injection लगना था।

एक सामान्य medical procedure।

लेकिन उसे दर्द में देखकर मैं जितना परेशान हुआ, वह तर्क से कहीं ज़्यादा था।

दिल अक्सर logic नहीं सुनता।

और शायद पहली बार मुझे एहसास हुआ कि उसका दर्द भी मेरा दर्द बन चुका था।

फिर अचानक एक message ने सब कुछ बदल दिया।

एक "I love you."

गलत समय पर भेजा गया।

गलत इंसान द्वारा देख लिया गया।

उसके भाई को phone मिल गया।

और जो रिश्ता अब तक चुपचाप चल रहा था, वह छिपा नहीं रह सका।

डर हमारी कहानी में पहली बार उसी दिन आया।

अब हर message जोखिम था।

हर notification खतरा थी।

हर बातचीत अनिश्चितता से भरी हुई थी।

हमने बात करने के नए तरीके ढूँढ़े।

नई applications।

नए बहाने।

नई राहें।

लेकिन एक दिन वे भी बंद हो गईं।

और फिर जो ख़ामोशी आई, वह असहनीय थी।

दिन लंबे लगने लगे।

रातें खाली।

तब पहली बार समझ आया कि उसकी आवाज़ मेरी ज़िंदगी में कितनी जगह घेर चुकी थी।

उन्हीं दिनों **उसकी दोस्त** ने उसकी voice recordings भेजी थीं।

आज सुनने में यह थोड़ा अजीब लगता है।

लेकिन उस उम्र में कई दिनों बाद उसकी आवाज़ सुनना किसी ख़ज़ाने से कम नहीं था।

फिर एक दिन उसका message आया।

एक छोटा-सा message।

साधारण-सा message।

लेकिन मैंने उसे न जाने कितनी बार पढ़ा।

क्योंकि शब्दों से ज़्यादा महत्व भेजने वाले का था।

धीरे-धीरे हमारा रिश्ता और गंभीर होता गया।

हमने अपने सपनों की दुनिया बना ली थी।

Late-night calls.

Future plans.

Promises.

Shared dreams.

उस दुनिया में सब कुछ संभव लगता था।

हमें सच में लगता था कि प्यार काफ़ी होगा।

उस उम्र में हम दोनों इस बात पर यकीन करते थे।

लेकिन फिर हकीकत लौट आई।

उसके घर वालों को पता चल गया कि हम अब भी बात कर रहे हैं।

Phone छीन लिया गया।

डाँट पड़ी।

Restrictions लगीं।

और पहली बार मुझे एहसास हुआ कि मेरे साथ बने रहने के लिए वह कितना कुछ सह रही थी।

कुछ समय बाद बात मेरे घर तक भी पहुँच गई।

Papa को हमारे बारे में पता चला।

सवाल आए।

पाबंदियाँ आईं।

और प्यार अचानक पहले से कहीं ज़्यादा मुश्किल हो गया।

फिर भी उसने हार नहीं मानी।

एक दिन उसने मुझे एक handwritten letter भेजा।

आज भी मुझे वह दिन याद है।

मैंने उसे पढ़ा।

फिर दोबारा पढ़ा।

फिर एक बार और।

उसकी handwriting में लिखी हुई भावनाओं की खूबसूरती किसी भी screen से बड़ी थी।

वह letter मेरे सबसे कीमती ख़ज़ानों में से एक बन गया।

कागज़ की वजह से नहीं।

उस दिल की वजह से, जिसने उसे लिखा था।

जब मैंने जवाब दिया, तो मैंने भी उसे एक letter भेजा।

और उसके साथ हमारी कहानी की पहली ring।

लेकिन उससे भी ज़्यादा महत्वपूर्ण था वह वादा, जो मैंने उस दिन किया था।

एक ऐसा वादा, जिस पर मुझे पूरा विश्वास था।

कि मैं उसे कभी नहीं छोड़ूँगा।

समय बीतता गया।

बातें लौट आईं।

हँसी लौट आई।

और हमारी कहानी आगे बढ़ती रही।

हमें नहीं पता था कि भविष्य हमारे लिए क्या लेकर आने वाला है।

कितनी खूबसूरत यादें।

कितने दर्द।

कितने इम्तिहान।

हमें बस इतना पता था कि हम खुश थे।

और उस उम्र में, जब प्यार सच्चा लगता है, खुशी ही काफ़ी लगती है।

साल के आख़िरी महीनों तक आते-आते **वो** मेरी ज़िंदगी का हिस्सा नहीं, मेरी ज़िंदगी बन चुकी थी।

वह मेरी सुबहों में थी।

मेरी रातों में थी।

मेरी योजनाओं में थी।

मेरी खुशियों में थी।

कुछ लोग तूफ़ान की तरह आते हैं।

कुछ लोग इतनी धीरे-धीरे महत्वपूर्ण बनते हैं कि आपको एहसास ही नहीं होता कि कब वे आपकी दुनिया का सबसे ज़रूरी हिस्सा बन गए।

मिनी मेरे लिए वही बन चुकी थी।

और शायद पहली बार, मुझे महसूस होने लगा था कि यह सिर्फ प्यार नहीं था।

यह घर जैसा एहसास था।

अध्याय 6

जब हमें लगा प्रेम ही काफी है

जब 2022 शुरू हुआ, तब न मैं और न ही **Mini** यह जानते थे कि हम अपने रिश्ते के सबसे महत्वपूर्ण साल में कदम रखने वाले हैं।

उससे पहले तक प्यार हमें सरल लगता था।

आसान नहीं।

वह कभी आसान नहीं था।

कई सालों से हम दोनों ऐसी लड़ाइयाँ लड़ रहे थे, जिनकी कल्पना ज़्यादातर teenagers भी नहीं करते। छिपकर बातें करना, phone छिन जाना, family restrictions, misunderstandings, दूरी और ऐसे अनगिनत पल, जब लगता था कि पूरी दुनिया हमें अलग करने पर तुली हुई है—हम यह सब झेल चुके थे। फिर भी हर बार, किसी न किसी तरह, हम वापस एक-दूसरे तक पहुँच जाते थे।

शायद इसी वजह से धीरे-धीरे हम एक खतरनाक बात पर विश्वास करने लगे थे।

हमें लगने लगा था कि सिर्फ प्यार ही हर समस्या का हल है।

शायद हर पहली मोहब्बत ऐसा ही सोचती है।

कि अगर दो लोग एक-दूसरे से सच में प्यार करते हों, तो ज़िंदगी आखिरकार उनके रास्ते की सारी मुश्किलें हटा देगी।

कि इरादे परिस्थितियों से बड़े होते हैं।

कि दिल वे लड़ाइयाँ जीत सकता है, जिन्हें हकीकत नहीं जीतने देती।

हम भी यही मानते थे।

और कुछ समय तक ज़िंदगी ने हमें ऐसा मानने की वजह भी दी।

साल की शुरुआत हमारे रिश्ते के सबसे शांत और खूबसूरत दौरों में से एक थी। हम अक्सर मिलते थे। कभी **restaurant** में, कभी **दोस्त** के घर, और कभी उन रास्तों पर, जिनमें कोई खास बात नहीं होती थी, सिवाय इसके कि हम साथ होते थे।

घंटों बातें होती थीं।

Cupcake, chowmein, ice cream, chocolates और अनगिनत बातें।

आज मुझे शायद यह याद नहीं कि हमने क्या खाया था, लेकिन मुझे **उसकी** हँसी याद है। उसकी मुस्कान याद है। उसकी आँखों की चमक याद है, जब वह किसी बात को लेकर excited हो जाती थी। और सबसे ज़्यादा यह याद है कि उसके साथ समय कैसे उड़ जाता था।

हमारे रिश्ते की अपनी एक अलग भाषा बन चुकी थी।

कोई gift सिर्फ gift नहीं होता था।

Chocolate सिर्फ chocolate नहीं होती थी।

Pen सिर्फ pen नहीं होता था।

यहाँ तक कि एक छोटी-सी eraser भी खास बन जाती थी।

क्योंकि हम चीज़ें नहीं बाँट रहे थे।

हम यादें बाँट रहे थे।

हम साधारण वस्तुओं में अपने दिल के टुकड़े जोड़ रहे थे।

और बाद में चीज़ें नहीं, उनसे जुड़ी भावनाएँ बची रहीं।

एक दिन एक **दोस्त** के नए घर में हम घंटों साथ बैठे रहे।

बातें करते हुए।

हँसते हुए।

भविष्य के सपने देखते हुए।

फिर एक समय ऐसा आया, जब बातें भी बंद हो गईं।

हम बस एक-दूसरे के पास बैठे रहे।

ख़ामोशी में।

और वह ख़ामोशी भी सुकून दे रही थी।

तब मुझे पहली बार समझ आया कि कभी-कभी इंसान को शब्दों की नहीं, सिर्फ एक ऐसे व्यक्ति की ज़रूरत होती है, जिसके साथ ख़ामोशी भी सुरक्षित लगे।

उन दिनों भविष्य बहुत करीब लगता था।

इतना करीब कि उसे छुआ जा सके।

इतना करीब कि उस पर विश्वास किया जा सके।

हम दोनों बहुत छोटे थे।

इतने छोटे कि हमें लगता था सपने सिर्फ चाहने भर से पूरे हो जाते हैं।

शायद वही मासूमियत खूबसूरत भी थी।

और खतरनाक भी।

फिर हमारी कहानी का एक ऐसा दिन आया, जो आज भी मेरी यादों में ज्यों का त्यों जमा हुआ है।

हमारी ज़िंदगी के सबसे खुश दिनों में से एक।

और सबसे दर्दनाक दिनों में से भी।

उस दिन हमने school bunk किया और **नदी किनारे** तथा **Kathauda Temple** चले गए।

दो प्यार करने वाले teenagers के लिए वह आज़ादी जैसा था।

सच्ची आज़ादी।

सर्दियों की धूप हल्की और सुकून देने वाली थी।

नदी शांति से बह रही थी।

भीड़ हमसे बहुत दूर लग रही थी।

ऐसा लग रहा था, जैसे दुनिया कुछ घंटों के लिए हमें भूल गई हो।

हम नदी पार करके दूसरी तरफ जाकर बैठ गए।

न कोई classroom।

न कोई रिश्तेदार।

न कोई restrictions।

न कोई सवाल।

सिर्फ हम।

Mini ने अपने हाथों से मुझे खाना खिलाया।

हमने सूखी पत्तियाँ इकट्ठा करके छोटी-सी आग जलाई।

घंटों बैठे रहे।

भविष्य की बातें करते रहे।

सपनों की बातें करते रहे।

और उन चीज़ों की बातें करते रहे, जो उस समय हमें संभव लगती थीं।

मुझे याद है, मैं उसे देख रहा था और सोच रहा था—

शायद यही खुशी है।

कोई बहुत बड़ी खुशी नहीं।

कोई फिल्मी खुशी नहीं।

बस सुकून।

ऐसा सुकून, जिसमें कल की चिंता खत्म हो जाती है।

कुछ घंटों के लिए ज़िंदगी परफेक्ट लग रही थी।

और यही समस्या थी।

क्योंकि ज़िंदगी परफेक्शन को ज़्यादा देर टिकने नहीं देती।

हकीकत अचानक आ गई।

बिना किसी चेतावनी के।

कुछ स्थानीय लोगों ने हमें देख लिया।

सवाल शुरू हुए।

फिर और सवाल।

फिर फोटो।

कुछ ही मिनटों में माहौल बदल गया।

जो दिन हँसी से शुरू हुआ था, वह डर और बेचैनी में बदलने लगा।

मैंने समझाने की कोशिश की।

उसको बचाने की कोशिश की।

स्थिति को संभालने की कोशिश की।

लेकिन कुछ पल ऐसे होते हैं, जो हाथ से फिसल जाते हैं।

जितना रोकने की कोशिश करो, उतनी तेजी से बिगड़ते हैं।

खबर फैल गई।

लोगों ने बातें कीं।

किसी ने देखा।

किसी ने किसी और को बताया।

और जब तक हम घर पहुँचे, परिणाम हमारा इंतज़ार कर रहे थे।

उसी शाम मेरे **पापा** को सब पता चल गया।

आज भी उनकी आवाज़ में गुस्सा याद है।

वह गुस्सा नफ़रत का नहीं था।

डर का था।

समाज का डर।

लोगों की बातों का डर।

गलतियों का डर।

उन परिणामों का डर, जिन्हें हम दोनों समझने के लिए अभी पर्याप्त बड़े नहीं हुए थे।

पहली बार उन्होंने साफ़ कहा—

यह रिश्ता खत्म होना चाहिए।

मैंने उनकी बात सुनी।

लेकिन समझी नहीं।

क्योंकि जब इंसान प्यार में होता है, तब अंत असंभव लगता है।

उस समय हमें लगता है कि थोड़ा और लड़ लेंगे।

थोड़ा और इंतज़ार कर लेंगे।

थोड़ा और कोशिश कर लेंगे।

लेकिन इसी बीच **उसके** ऊपर दबाव बढ़ने लगा।

सवाल उसका पीछा करने लगे।

पाबंदियाँ बढ़ने लगीं।

नज़रें उसका पीछा करने लगीं।

और पहली बार मैंने उसकी आँखों में लाचारी देखी।

लाचारी बहुत डरावनी होती है।

क्योंकि प्यार कई लड़ाइयाँ लड़ सकता है।

लेकिन वह उन परिस्थितियों से नहीं लड़ सकता, जिन्हें दोनों मिलकर भी नियंत्रित नहीं कर सकते।

आने वाले महीने खुशी और दर्द का अजीब मिश्रण बन गए।

कभी हम हँसते थे।

कभी झगड़ते थे।

कभी वह रोती थी।

कभी मैं ऐसी बातें कह देता था, जो नहीं कहनी चाहिए थीं।

कभी उसे लगता था कि मैं उसकी बात नहीं समझ रहा।

कभी मुझे लगता था कि मैं उसके लिए पर्याप्त नहीं हूँ।

लेकिन हर झगड़े के बाद हम फिर वापस आ जाते थे।

बार-बार।

क्योंकि हममें से कोई भी सच में जाना नहीं चाहता था।

Valentine Week हमारे रिश्ते के एक शांत दौर में आया।

आज पीछे मुड़कर देखता हूँ, तो वह समय किसी सपने जैसा लगता है।

हर दिन एक नई याद बनाने का बहाना बन जाता था।

नया gift।

नया promise।

नया सपना।

उसी दौरान उसने मुझे दो teddy bears दिए—

Aisha और **Aarav**।

उन बच्चों के नाम, जिन्हें हमने सिर्फ अपनी कल्पना में जन्म दिया था।

आज यह याद खूबसूरत भी लगती है और दिल तोड़ने वाली भी।

क्योंकि हम खुद बच्चे थे।

लेकिन एक पूरी ज़िंदगी साथ बिताने के सपने देख रहे थे।

यही पहली मोहब्बत की मासूमियत होती है।

हकीकत सीमाएँ देखती है।

प्यार सिर्फ उम्मीद देखता है।

और उम्मीद की कोई सीमा नहीं होती।

उस समय तक **वह** मेरी दुनिया का केंद्र बन चुकी थी।

हर उपलब्धि अधूरी लगती थी, अगर मैं उसे बता न सकूँ।

हर परेशानी छोटी लगती थी, अगर वह सुन ले।

मेरे दिन इस बात पर निर्भर करने लगे थे कि वह खुश है या नाराज़।

प्यार मेरी ज़िंदगी का हिस्सा नहीं रहा था।

वह मेरी पूरी ज़िंदगी बन चुका था।

और शायद यही हमारी सबसे बड़ी गलती थी।

क्योंकि जब कोई इंसान आपकी पूरी दुनिया बन जाता है, तब उसकी वजह से आई छोटी-सी दरार भी भूकंप जैसी लगती है।

साल आगे बढ़ता रहा।

Bike rides।

Momos।

Drawings।

Letters।

Handwritten notes।

छोटे-छोटे gifts।

और बड़े-बड़े सपने।

लेकिन इन खूबसूरत यादों के नीचे कुछ और भी पल रहा था।

धीरे-धीरे।

चुपचाप।

खतरनाक तरीके से।

Family pressure।

Fear।

Exhaustion।

Emotional burden।

और ऐसी उम्मीदें, जिन्हें उठाने के लिए हम दोनों अभी तैयार नहीं थे।

हम अपने रिश्ते को बचाने में इतने व्यस्त थे कि खुद को बचाना भूल गए।

और धीरे-धीरे हम दोनों टूटने लगे।

बिना समझे।

बिना स्वीकार किए।

क्योंकि तब भी हम एक बात पर विश्वास करते थे।

हमें अब भी लगता था कि प्यार हमें बचा लेगा।

लेकिन ज़िंदगी कुछ और ही सोच रही थी।

और उसका अगला इम्तिहान अभी बाकी था।

अध्याय 7

प्रेम का सबसे भारी रूप

जब 2023 शुरू हुआ, तब मुझे सच में लगता था कि अब सबसे बुरा दौर पीछे छूट चुका है।

आख़िर **मिनी** और मैंने साथ मिलकर इतना कुछ झेला था कि ऐसा सोचना गलत भी नहीं था।

हमने परिवारों की नाराज़गी देखी थी। छिप-छिपकर बात करने वाले दिन देखे थे। फोन छिनते हुए देखे थे। दूरी, गलतफहमियाँ, आँसू, डर और ऐसे अनगिनत पल देखे थे, जब लगता था कि पूरी दुनिया हमें अलग करने पर तुली हुई है। फिर भी हर बार हम किसी न किसी तरह वापस एक-दूसरे तक पहुँच ही जाते थे।

शायद यही वजह थी कि धीरे-धीरे मुझे लगने लगा था कि हमारा रिश्ता टूट नहीं सकता।

हर मुश्किल के बाद हम और मज़बूत होकर निकले थे।

हर तूफ़ान ने हमें यकीन दिलाया था कि अगला तूफ़ान भी झेल लेंगे।

लेकिन ज़िंदगी को यकीन से ज़्यादा हकीकत पसंद होती है।

और 2023 की शुरुआत ने यही बात मुझे धीरे-धीरे समझानी शुरू कर दी।

यह साल किसी बड़े हादसे से नहीं, बल्कि थकान से शुरू हुआ था।

ऐसी थकान, जो शरीर में नहीं, दिल के भीतर जमा होती है।

हम अब भी एक-दूसरे से प्यार करते थे। यह कभी समस्या नहीं थी।

समस्या यह थी कि हम दोनों थक चुके थे।

बार-बार समझाने से।

बार-बार गलत समझे जाने से।

हर बात को साबित करने से।

हर झगड़े के बाद खुद को जोड़ने से।

और उन उम्मीदों का बोझ उठाने से, जिन्हें हम खुद भी पूरी तरह नहीं समझते थे।

साल के शुरुआती दिनों में ही छोटी-छोटी बातें बड़े झगड़ों में बदलने लगीं। कभी कोई मज़ाक गलत समझ लिया जाता, कभी कोई बात दिल पर लग जाती, कभी कोई पुराना घाव फिर से खुल जाता।

एक ऐसे ही झगड़े के दौरान **उसने** मुझसे कहा—

"आपको Love You बोलना मेरी ज़िंदगी का गलत decision था।"

शायद वह दर्द में थी।

शायद गुस्से में थी।

शायद वह खुद भी उन शब्दों पर पूरी तरह यकीन नहीं करती थी।

लेकिन कुछ बातें ऐसी होती हैं, जो सुनने वाले के दिल में हमेशा के लिए रह जाती हैं।

यह उन्हीं में से एक थी।

उस दिन पहली बार मुझे महसूस हुआ कि दर्द सिर्फ इंसान को रुलाता नहीं है, कभी-कभी उससे ऐसी बातें भी कहलवा देता है, जिन पर उसका दिल खुद यकीन नहीं करता।

कुछ दिनों बाद एक और झगड़ा हुआ।

इस बार वजह और भी छोटी थी।

मैंने मज़ाक में **उसको-** 'अरे मेरी बहन' कह दिया।

मेरे लिए वह एक हल्का मज़ाक था।

उसके लिए नहीं।

वह आहत हुई।

और उससे भी बड़ी गलती मैंने तब की, जब उस बात में किसी तीसरे व्यक्ति को शामिल कर दिया।

आज पीछे मुड़कर देखता हूँ, तो समझ आता है कि कुछ बातचीत सिर्फ दो लोगों के बीच रहनी चाहिए।

जैसे ही कोई तीसरा व्यक्ति उन भावनाओं के बीच आता है, भरोसा थोड़ा कमज़ोर पड़ने लगता है।

उस दिन भी कुछ ऐसा ही हुआ।

वह बहुत नाराज़ हुई।

और सच कहूँ, तो उसकी नाराज़गी जायज़ थी।

लेकिन हमारी कहानी की सबसे अजीब बात यही थी कि हम दोनों कभी एक-दूसरे से पूरी तरह दूर नहीं जा पाते थे।

झगड़ा होता।

ख़ामोशी आती।

फिर माफ़ी।

फिर मुलाकात।

फिर वादा।

फिर कोई नई गलतफहमी।

और फिर वही चक्र दोबारा।

कई बार मुझे लगता है, कुछ रिश्ते इसलिए नहीं चलते क्योंकि लोग एक-दूसरे को चोट नहीं पहुँचाते।

वे इसलिए चलते हैं क्योंकि दोनों में से कोई भी जाना नहीं चाहता।

हमारा रिश्ता भी शायद ऐसा ही था।

जब हालात बहुत खराब हो जाते, हम मिल लेते।

कभी **Restaurant** में।

कभी किसी mall में।

कभी मंदिर में।

कभी किसी ऐसी जगह, जहाँ कुछ घंटों के लिए दुनिया की आवाज़ हम तक न पहुँच सके।

और हर बार जब मैं उसे देखता, मुझे याद आ जाता कि मैं उससे प्यार क्यों करता हूँ।

उसकी मुस्कान।

उसकी बातें।

उसकी छोटी-छोटी आदतें।

उसकी मौजूदगी।

कुछ घंटों के लिए सारे झगड़े गायब हो जाते थे।

कुछ घंटों के लिए हम फिर वही लोग बन जाते थे, जो कभी बिना वजह घंटों हँसा करते थे।

लेकिन 2023 अलग था।

इस बार समस्याएँ किसी एक विषय तक सीमित नहीं थीं।

भरोसा।

परिवार।

दोस्त।

समय।

पढ़ाई।

उम्मीदें।

हर विषय किसी भी समय युद्ध का मैदान बन सकता था।

और उन्हीं दिनों एक नाम बार-बार हमारे बीच आने लगा—

Sandy।

कभी सीधे।

कभी घुमा-फिराकर।

कभी गलतफहमियों की वजह से।

कभी शक की वजह से।

शायद हम दोनों उस समय नहीं समझ पाए कि ये छोटी-छोटी दरारें कितनी गहरी होती जा रही थीं।

हमें हमेशा लगता था कि बाद में सब ठीक कर लेंगे।

लेकिन कुछ चीज़ें बाद में ठीक नहीं होतीं।

Valentine Week उन्हीं मुश्किल दिनों के बीच आया।

अजीब बात यह थी कि वह साल का सबसे खूबसूरत और सबसे दर्दनाक समय दोनों बन गया।

मैंने हर दिन celebrate किया।

Rose Day।

Propose Day।

Chocolate Day।

Teddy Day।

Promise Day।

Hug Day।

Kiss Day।

Valentine's Day।

हर दिन के लिए अलग card था।

अलग gift था।

अलग याद थी।

अगर कोई बाहर से हमें देखता, तो उसे सब कुछ perfect लगता।

Cards।

Chocolates।

Flowers।

Handmade gifts।

Photographs।

Smiles।

लेकिन उन्हें वह डर दिखाई नहीं देता, जो हर मुस्कान के पीछे छिपा हुआ था।

हर gift के पीछे एक अनकही बात थी—

"Please stay."

मैंने यह शब्द कभी नहीं लिखे।

कभी नहीं कहे।

लेकिन वे हर कोशिश के भीतर मौजूद थे।

हर surprise में।

हर card में।

हर उस पल में, जब मैं उसे मुस्कुराने की कोशिश करता था।

क्योंकि कहीं न कहीं मुझे डर लगने लगा था।

उसे खो देने का डर।

दुर्भाग्य से प्यार अब झगड़ों को रोकने के लिए काफ़ी नहीं रह गया था।

Valentine's Day भी एक बड़े झगड़े के साथ खत्म हुआ।

फिर silence।

फिर block।

फिर दूरी।

धीरे-धीरे उसका मुझे block करना हमारी unhealthy habit बन चुकी थी।

जाना कोई नहीं चाहता था।

लेकिन रुकना भी आसान नहीं रह गया था।

और हर बार जब वह block करती, मैं पुराने chats पढ़ता रहता।

पुराने voice notes सुनता।

पुरानी photos देखता।

यादों में सुकून ढूँढ़ता।

डरता हुआ कि कहीं भविष्य में नई यादें बननी बंद न हो जाएँ।

फिर किसी तरह बात शुरू होती।

और वही चक्र दोबारा शुरू हो जाता।

बसंत आया।

लेकिन हमारे रिश्ते में मौसम नहीं बदला।

झगड़े जारी रहे।

फिर Holi आई।

कभी Holi मेरी सबसे खूबसूरत यादों में शामिल थी।

लेकिन इस बार मैं सिर्फ इंतज़ार करता रहा।

उसके भाई आसपास थे।

हालात पहले जैसे नहीं थे।

जिस मुलाकात की मैंने कल्पना की थी, वह कभी हो ही नहीं पाई।

और अजीब बात यह है कि कभी-कभी झगड़ों से ज़्यादा दर्द अनुपस्थिति देती है।

क्योंकि झगड़े बताते हैं कि दोनों लोग अभी भी एक-दूसरे की परवाह करते हैं।

अनुपस्थिति सिर्फ खालीपन छोड़ जाती है।

साल आगे बढ़ता रहा।

झगड़े - सुलह।

Block-Unblock।

मुलाकातें।

वादे।

फिर नए झगड़े।

एक समय ऐसा आया, जब मुझे महसूस होने लगा कि हमारा रिश्ता अब बाहरी लोगों से नहीं लड़ रहा था।

वह खुद से लड़ रहा था।

और यह सबसे खतरनाक लड़ाई होती है।

फिर एक दिन मुझे पता चला कि **उसने** खुद को नुकसान पहुँचाने की कोशिश की थी।

उस पल सब कुछ बदल गया।

सारे झगड़े छोटे लगने लगे।

सारी नाराज़गियाँ बेकार लगने लगीं।

सारा ego खत्म हो गया।

बस एक डर बचा—

उसे खो देने का डर।

उस दिन पहली बार मैंने महसूस किया कि कुछ रिश्ते breakup से नहीं टूटते।

वे उस संभावना से टूटते हैं कि कहीं सामने वाला इंसान हमेशा के लिए खो न जाए।

उसके बाद मैं चाहता था कि सब ठीक हो जाए।

मैं चाहता था कि हम फिर पहले जैसे हो जाएँ।

लेकिन healing सिर्फ चाहने से नहीं आती।

कुछ घाव समय माँगते हैं।

कुछ समझ।

और कुछ हमेशा निशान छोड़ जाते हैं।

साल का दूसरा हिस्सा धीरे-धीरे हमारी कहानी को **Sikanderpur** से **Lucknow** की ओर ले गया।

अब memories school bus और **Restaurant** तक सीमित नहीं थीं।

अब उनमें Metro stations थे।

Hostels थे।

Hazratganj की सड़कें थीं।

University campuses थे।

Libraries थीं।

Parks थे।

नई जगहें थीं।

और हमारे नए versions भी।

पहली बार ऐसा लगा जैसे हम दोनों साथ-साथ बड़े हो रहे हैं।

मैंने उसके साथ bank account खुलवाया।

Hazratganj की गलियों में घंटों घूमे।

एक चीज़ खाने निकले और दूसरी खा ली।

उसकी practical problems solve कीं।

उसे नए शहर में adjust होते देखा।

और उन दिनों मुझे लगता था कि शायद यही adulthood है।

फिर एक दिन कुछ ऐसा हुआ, जिसे मैं आज भी नहीं भूल सकता।

वो बिना बताए Lucknow आ गई।

मैं सो रहा था।

जब मेरी आँख खुली और मैंने उसे अपने सामने देखा, तो कुछ सेकंड तक मुझे लगा कि मैं सपना देख रहा हूँ।

इतनी दूर सिर्फ मुझसे मिलने आना...

यह सोचकर ही दिल भर आता है।

लेकिन उस दिन भी हमारी कहानी ने वही किया, जो वह अक्सर करती थी।

मैंने surprise महसूस किया।

उसने indifference महसूस किया।

मैं shocked था।

उसे लगा मैं खुश नहीं हूँ।

एक ही पल।

दो अलग अनुभव।

और शायद यही हमारी सबसे बड़ी समस्या बन चुकी थी।

हम एक-दूसरे को सुनते थे।

लेकिन हमेशा समझ नहीं पाते थे।

साल खत्म होने लगा।

और मुझे महसूस होने लगा कि कुछ बदल रहा है।

प्यार नहीं।

प्यार अब भी था।

लेकिन भरोसा कमज़ोर हो रहा था।

Patience कम हो रहा था।

Hope कम हो रही थी।

रिश्ता ज़िंदा था।

लेकिन सुरक्षित नहीं था।

और यही बात मुझे सबसे ज़्यादा डराने लगी।

क्योंकि दर्द से लड़ना आसान है।

अनिश्चितता से नहीं।

फिर December आया।

और उसके साथ वह बातचीत भी, जिसे मैं शायद कभी नहीं भूलूँगा।

उस दिन कोई बड़ा धोखा नहीं हुआ था।

कोई scandal नहीं था।

कोई एक घटना नहीं थी, जिसने सब खत्म कर दिया।

बस सालों का जमा हुआ दर्द आखिरकार सतह पर आ गया था।

उसने मुझे ring वापस दी।

उन वादों की निशानी, जिन्हें हमने कभी हमेशा के लिए माना था।

और फिर उसने कहा—

सब खत्म हो गया है।

उस पल ऐसा लगा जैसे समय रुक गया हो।

मैंने उसे खोने की कल्पना पहले भी की थी।

लेकिन कल्पना और हकीकत में बहुत फर्क होता है।

एक सिर्फ डराती है।

दूसरी तोड़ देती है।

थोड़ी देर बाद उसने एक और बात कही—

"अगर अब भी मेरे साथ रहे तो वो मेरा अहसान होगा।."

शायद वह वाक्य उससे भी ज़्यादा दर्दनाक था।

क्योंकि उसमें एक सच्चाई छिपी थी।

हम दोनों थक चुके थे।

हम दोनों घायल थे।

और हम दोनों को समझ नहीं आ रहा था कि इस रिश्ते को कैसे बचाया जाए।

रिश्ता उस दिन खत्म नहीं हुआ।

हमने बाद में भी बातें कीं।

मुलाकातें भी हुईं।

कोशिशें भी हुईं।

लेकिन कुछ बदल चुका था।

कुछ ऐसा, जिसे हम दोनों पूरी तरह ठीक नहीं कर सके।

प्यार बचा रहा।

लेकिन यकीन खो गया।

और पहली बार मुझे महसूस हुआ कि शायद "Forever" हमेशा, हमेशा के लिए नहीं होता।

शायद उस समय हम दोनों यह बात जानते थे।

बस स्वीकार करने की हिम्मत नहीं थी।

किसी को खोने का सबसे दर्दनाक हिस्सा अलविदा नहीं होता।

सबसे दर्दनाक हिस्सा वह पल होता है, जब आपको एहसास होता है कि अलविदा बहुत पहले शुरू हो चुका था।

और 2023 के अंत तक, वह एहसास चुपचाप हमारे दिलों में अपनी जगह बना चुका था।

अध्याय 8

एक जीवन जो हमने साथ जिया

जब 2024 शुरू हुआ, तब हम दोनों में से किसी को भी यह अंदाज़ा नहीं था कि यह हमारे रिश्ते का आख़िरी पूरा साल साबित होगा।

अगर उस समय कोई मुझसे पूछता कि क्या मैं और **Mini** कभी अलग हो सकते हैं, तो शायद मैं हँस देता।

इसलिए नहीं कि हमारा रिश्ता परफेक्ट था।

बल्कि इसलिए क्योंकि हम पहले ही इतना कुछ साथ झेल चुके थे कि अलग होना अब नामुमकिन-सा लगता था।

हमने परिवारों का विरोध देखा था।

दूरी देखी थी।

बीमारियाँ देखी थीं।

रोक-टोक देखी थी।

झगड़े देखे थे।

डर देखा था।

और ऐसे अनगिनत पल देखे थे, जब लगता था कि ज़िंदगी खुद हमें अलग करना चाहती है।

लेकिन हर बार हम किसी न किसी तरह वापस एक-दूसरे तक पहुँच ही जाते थे।

शायद यही हमारी सबसे बड़ी गलतफहमी थी।

हमें लगने लगा था कि अगर हम पहले बच गए हैं, तो आगे भी बच जाएँगे।

लेकिन हर लड़ाई एक जैसी नहीं होती।

और हर रिश्ते को तोड़ने वाला तूफ़ान बाहर से नहीं आता।

कुछ तूफ़ान भीतर पैदा होते हैं।

2024 की शुरुआत शांत थी।

कई सालों बाद शायद पहली बार ऐसा लग रहा था कि हम सिर्फ रिश्ता बचाने की कोशिश नहीं कर रहे थे...

हम उसे जी भी रहे थे।

नए साल की रात बारह बजे मैंने उसके hostel में cake भेजा।

वह कोई महँगा gift नहीं था।

लेकिन मैं चाहता था कि साल की शुरुआत उसके चेहरे की मुस्कान से हो।

उस दिन बाद में मैं, **Mini** और **Ashish** पूरे Lucknow में घूमते रहे।

मंदिर गए।

सड़कों पर बिना किसी मकसद के चलते रहे।

कमरे देखे।

बेवजह की बातें कीं।

हँसे।

मज़ाक किए।

कुछ भी खास नहीं हुआ।

फिर भी वह दिन आज भी याद है।

क्योंकि कई बार शांति इतनी दुर्लभ हो जाती है कि एक साधारण दिन भी किसी त्योहार जैसा लगने लगता है।

मुझे बाद में समझ आया कि ज़िंदगी की सबसे खूबसूरत यादें अक्सर वही होती हैं, जिनमें कुछ बड़ा नहीं होता।

बस सही लोग होते हैं।

कुछ दिन बाद मैंने उसे chocolates दीं।

फिर हम मिले।

Cake खाया।

बातें कीं।

हँसे।

छोटी-छोटी बातें।

छोटे-छोटे पल।

लेकिन हमारा रिश्ता हमेशा से इन्हीं छोटे पलों से बना था।

उसी दौरान मैंने उसकी आँख की एक close-up photograph ली थी।

आज भी वह तस्वीर मेरे लिए खास है।

क्यों, यह मैं पूरी तरह नहीं समझा सकता।

शायद इसलिए क्योंकि मैं हमेशा उसकी उन बातों पर ध्यान देता था, जिन्हें बाकी लोग नज़रअंदाज़ कर देते थे।

जब वह हँसती थी, तो उसकी आँखें बदल जाती थीं।

जब नाराज़ होती थी, तो अलग दिखती थीं।

जब खुश होती थी, तो उनमें चमक आ जाती थी।

और जब वह कहती थी कि सब ठीक है, तब भी उसकी आँखें अक्सर सच बता देती थीं।

शायद इसलिए वह तस्वीर आज भी सिर्फ एक तस्वीर नहीं लगती।

वह एक याद लगती है।

एक एहसास।

फ़रवरी आया।

एक दिन हम साथ ट्रेन से सफर कर रहे थे।

Movie देखी।

खाना share किया।

घंटों बातें कीं।

और उसी सफर के दौरान मुझे एहसास हुआ कि हमारा रिश्ता कितना बदल चुका था।

एक समय था, जब एक-दूसरे को देखने के लिए बहाने बनाने पड़ते थे।

छिपना पड़ता था।

किस्मत का साथ चाहिए होता था।

और अब...

हम साथ शहरों के बीच सफर कर रहे थे।

जैसे यह दुनिया की सबसे सामान्य बात हो।

कुछ पलों के लिए लगा जैसे हमने आखिरकार वह ज़िंदगी पा ली है, जिसके सपने हम वर्षों से देख रहे थे।

उसी महीने मैंने अपना कमरा **दुबग्गा से डालीगंज** shift किया।

लोगों को शायद shifting याद रहती होगी।

मुझे **वो** याद है।

सामान pack करते हुए।

Boxes उठाते हुए।

सामान सजाते हुए।

कमरे को घर जैसा बनाते हुए।

पूरे समय मेरे साथ खड़ी हुई।

बिना शिकायत।

बिना किसी credit की उम्मीद के।

बस साथ।

उस दिन पहली बार वह मुझे girlfriend नहीं लगी।

वह मुझे मेरी वाइफ़ जैसी लगी।

जैसे हम पहले से ही उस भविष्य की rehearsal कर रहे हों, जिसकी हम कल्पना किया करते थे।

Valentine Week आया।

हर साल की तरह इस बार भी हमने celebrate किया।

लेकिन इस बार सब कुछ थोड़ा अलग था।

ज़्यादा mature।

ज़्यादा comfortable।

अब किसी को impress करने की कोशिश नहीं थी।

बस साथ रहने की खुशी थी।

मैंने उसे एक ring gift की।

Valentine's Day पर पूरा दिन साथ बिताया।

Mall गए।

घूमे।

खाना खाया।

Photos लीं।

बातें कीं।

कुछ नहीं किया।

सब कुछ किया।

Drishti के बोर्ड के पास खींची गई एक तस्वीर आज भी मेरे पास है।

जब मैं उसे देखता हूँ, तो सिर्फ दो मुस्कुराते हुए चेहरे नहीं दिखते।

मुझे सुकून दिखता है।

वह सुकून, जो सालों के साथ से पैदा होता है।

जो एक दिन में नहीं बनता।

जो हजारों conversations, arguments, apologies और sacrifices के बाद बनता है।

Valentine's Day के बाद का समय शायद हमारे पूरे रिश्ते का सबसे अलग phase था।

क्योंकि उस दौरान कोई बड़ा drama नहीं हुआ।

कोई बड़ी लड़ाई नहीं हुई।

कोई बड़ा तूफ़ान नहीं आया।

पहली बार हम survive नहीं कर रहे थे।

हम जी रहे थे।

मैं उस दौर को आज भी **"Everyday Life Phase"** कहता हूँ।

क्योंकि उस समय प्यार surprises से ज़्यादा presence बन चुका था।

वो लगभग रोज़ मेरे कमरे पर आती थी।

डर हमेशा रहता था कि कहीं कोई देख न ले।

फिर भी वह आती थी।

पाँच-पाँच लीटर की पानी की bottles उठाकर लाती थी।

बार-बार।

हर दिन।

किसी ने उससे नहीं कहा था।

किसी ने उससे उम्मीद नहीं की थी।

वह बस करती थी।

क्योंकि उसे मेरी परवाह थी।

और कई बार प्यार सबसे साफ़ उन्हीं कामों में दिखता है, जिन्हें कोई notice तक नहीं करता।

कभी वह खाना लेकर आती।

कभी मैं बनाता।

कभी वह बनाती।

कभी हम order कर लेते।

कभी जो मिलता, वही खा लेते।

वह कोई luxury life नहीं थी।

लेकिन आज भी वह मेरे जीवन की सबसे खूबसूरत यादों में शामिल है।

कई couples vacations याद रखते हैं।

Trips याद रखते हैं।

Expensive gifts याद रखते हैं।

हमने यादें बनाई थीं साधारण दोपहरों से।

एक साथ खाए गए lunch से।

शाम की चाय से।

आधी देखी हुई movies से।

एक कमरे में बैठकर बिना कुछ किए हुए बिताए गए घंटों से।

और पता ही नहीं चला कि कब वे साधारण दिन हमारी सबसे कीमती यादें बन गए।

ऐसा लगता था जैसे शादी से पहले ही हम शादीशुदा जीवन का एक छोटा-सा हिस्सा जी रहे हों।

सिर्फ सपने नहीं देख रहे थे।

उसे जी भी रहे थे।

वह मेरी university life का हिस्सा भी बन चुकी थी।

Psychology practicals में साथ आना।

Stress के समय motivate करना।

मेरी परेशानियाँ सुनना।

मुझे संभालना।

धीरे-धीरे वह मेरी रोज़मर्रा की ज़िंदगी में इतनी गहराई से शामिल हो गई थी कि उसके बिना दिन की कल्पना भी मुश्किल लगती थी।

लेकिन फिर...

कुछ बदलना शुरू हुआ।

धीरे-धीरे।

बिना शोर के।

बिना किसी बड़े कारण के।

रिश्ता भारी होने लगा।

ये सारी यादें हमारे रिश्ते का हिस्सा बनीं।

और उसके बाद **उसके** भीतर बहुत कुछ बदल गया।

वह डरती थी।

Confused रहती थी।

कई बार guilt महसूस करती थी।

ऐसी बातें थीं, जिन्हें वह पूरी तरह शब्दों में नहीं कह पाती थी।

और ऐसी बातें थीं, जिन्हें मैं पूरी तरह समझ नहीं पाता था।

मैं कोशिश करता था।

कई बार सफल होता था।

कई बार नहीं।

लेकिन उस समय के बाद हमारे रिश्ते का emotional weight बढ़ गया।

और झगड़े भी।

पुराने घाव फिर खुलने लगे।

पुरानी insecurities वापस आने लगीं।

वही बातें।

वही दर्द।

वही arguments।

बार-बार।

इन्हीं झगड़ों के दौरान वह एक बात अक्सर कहती थी—

"हाँ बोलकर गलती कर दी।"

कभी-कभी वह इससे भी ज़्यादा दर्दनाक बात कह देती—

"अगर हाँ नहीं बोली होती तो कब का छोड़कर चली जाती।"

हर बार ये शब्द सुनकर ऐसा लगता, जैसे दिल के भीतर कुछ और टूट गया हो।

क्योंकि मुझे उसके शब्दों से ज़्यादा उसके दर्द की आवाज़ सुनाई देती थी।

वह दर्द, जिसे हम दोनों मिलकर भी ठीक नहीं कर पा रहे थे।

फिर भी ज़िंदगी चलती रही।

Train journeys हमारी कहानी का हिस्सा बन गईं।

Lucknow से घर।

घर से Lucknow।

भीड़।

Miss हुई trains।

खड़े-खड़े सफर।

हँसी।

थकान।

और उसके बीच हम।

धीरे-धीरे हमारा रिश्ता एक अजीब संतुलन पर टिक गया था।

एक तरफ companionship थी।

दूसरी तरफ conflict।

एक तरफ comfort था।

दूसरी तरफ exhaustion।

एक तरफ प्यार था।

दूसरी तरफ दर्द।

हममें से कोई पूरी तरह छोड़ नहीं पा रहा था।

और कोई पूरी तरह ठीक भी नहीं हो पा रहा था।

सितंबर आया।

मेरा birthday आया।

मैं घर पर था।

फिर भी **Mini** ने **Krish** के ज़रिए cake भेजा।

उस छोटे-से gesture ने मुझे फिर एक बात याद दिलाई।

चाहे हम कितने भी झगड़ लें...

उसने मेरी परवाह करना कभी नहीं छोड़ा था।

जब उसका birthday आया, मैंने भी उसके लिए cake arrange किया।

क्योंकि सारी परेशानियों के बावजूद एक बात अब भी सच थी—

हम दोनों एक-दूसरे को खुश देखना चाहते थे।

और शायद हमारी कहानी की सबसे बड़ी tragedy भी यही थी।

हम एक-दूसरे को दुख पहुँचा रहे थे।

फिर भी एक-दूसरे से प्यार करते थे।

साल खत्म होने लगा।

Classes।

Assignments।

Train journeys।

Shared meals।

Conversations।

Routine meetings।

सब चलता रहा।

लेकिन सतह के नीचे कुछ बदल चुका था।

अब arguments सिर्फ temporary storms नहीं थे।

वे permanent cracks बन चुके थे।

रिश्ता चल रहा था।

लेकिन बढ़ नहीं रहा था।

हम एक-दूसरे को पकड़े हुए थे।

फिर भी धीरे-धीरे दूर जा रहे थे।

जैसे एक ही नाव में बैठे दो लोग अलग-अलग दिशाओं में चप्पू चला रहे हों।

फिर December आया।

और उसके साथ वह दिन भी।

वह दिन, जिससे मैं वर्षों से डरता था।

School bus की यात्राएँ।

Handwritten letters।

Birthday surprises।

Temple visits।

Train journeys।

Restaurant।

Marriage के सपने।

Forever के वादे।

और अनगिनत यादों के बाद—

उसने आखिरकार वह बात कह दी, जिससे मैं हमेशा डरता था।

वह रिश्ता खत्म करना चाहती थी।

बस इतना ही।

और अचानक सालों की यादें बहुत नाज़ुक लगने लगीं।

उस दिन मैं लंबे समय तक अकेला बैठा रहा।

पहले messages याद किए।

पहली मुलाकात।

पहला confession।

पहला kiss।

पहली ring।

Letters।

Promises।

Dreams।

Sacrifices।

सब कुछ।

मैं समझने की कोशिश करता रहा कि गलती कहाँ हुई।

किस मोड़ पर Forever, Forever रहना बंद हो गया।

क्या मैं उसे बेहतर समझ सकता था?

क्या मैं बेहतर सुन सकता था?

क्या मैं बेहतर प्यार कर सकता था?

शायद।

शायद नहीं।

लेकिन जवाब किसी के पास नहीं था।

उसके बाद जो ख़ामोशी आई, वह असहनीय थी।

क्योंकि कई साल पुराने रिश्ते में सिर्फ इंसान नहीं खोता।

उसके साथ भविष्य खोता है।

आदतें खोती हैं।

सपने खोते हैं।

और कभी-कभी खुद का एक हिस्सा भी खो जाता है।

सालों तक मेरे हर भविष्य में **वो** थी।

अब मुझे उसके बिना भविष्य की कल्पना करनी थी।

और मैं नहीं कर पा रहा था।

कहानी अभी खत्म नहीं हुई थी।

कुछ बातें अभी बाकी थीं।

कुछ मुलाकातें अभी बाकी थीं।

कुछ अध्याय अभी लिखे जाने बाकी थे।

लेकिन पहली बार मुझे अंत दिखाई देने लगा था।

दूर कहीं।

धीरे-धीरे करीब आता हुआ।

एक तूफ़ान की तरह।

और चाहे मैं कितना भी कोशिश कर लूँ...

मुझे समझ नहीं आ रहा था कि उसे रोकूँ कैसे।

क्योंकि वर्षों तक मैं उसे खोने से लड़ता रहा था।

लेकिन पहली बार मैं ऐसी चीज़ का सामना कर रहा था, जिससे लड़ना संभव नहीं था।

इस संभावना का—

कि शायद सिर्फ प्यार ही हमेशा काफ़ी नहीं होता।

अध्याय 9

जब ज़िंदगी ने इंतज़ार करना छोड़ दिया

ज़िंदगी में कुछ पल ऐसे होते हैं, जो कहानी को दो हिस्सों में बाँट देते हैं।

एक — उससे पहले की ज़िंदगी।

और दूसरा — उसके बाद की।

मेरे लिए ऐसा ही एक पल 2025 की शुरुआत में आया।

कुछ ही दिन पहले, 24 दिसंबर 2024 को, वह रिश्ता खत्म होने वाला था जिसने मेरी किशोरावस्था के लगभग हर साल को आकार दिया था।

सालों तक वह मेरी ज़िंदगी के लगभग हर अध्याय में मौजूद रही थी।

स्कूल की यादों में।

बस की यात्राओं में।

हाथ से लिखे गए पत्रों में।

देर रात होने वाली बातों में।

त्योहारों में।

जन्मदिनों में।

सपनों में।

वादों में।

और उन भविष्य की योजनाओं में, जिन्हें हम सच मानकर जी रहे थे।

मैंने अपने भविष्य की अनगिनत तस्वीरें बनाई थीं।

और लगभग हर तस्वीर में वह मेरे साथ खड़ी थी।

जब मैं अपनी Graduation के बारे में सोचता था, वह वहाँ होती थी।

जब मैं अपनी पहली नौकरी की कल्पना करता था, वह वहाँ होती थी।

जब मैं शादी के बारे में सोचता था, वह वहाँ होती थी।

यहाँ तक कि जब मैं बुढ़ापे की कल्पना करता था, तब भी वह मेरे साथ होती थी।

सालों तक मैंने कभी ऐसा भविष्य सोचा ही नहीं था, जिसमें वह न हो।

फिर अचानक...

वह नहीं रही।

वह रिश्ता, जिसने परिवारों का विरोध झेला था।

दूरी झेली थी।

बीमारियाँ झेली थीं।

झगड़े, आँसू, गलतफहमियाँ और वर्षों का संघर्ष झेला था।

आख़िरकार खत्म हो गया।

कोई फिल्मी अंत नहीं।

कोई आख़िरी गले लगना नहीं।

कोई *perfect closure* नहीं।

सिर्फ़ ख़ामोशी।

ऐसी ख़ामोशी, जो शब्दों से ज़्यादा शोर करती है।

सालों तक मेरी सुबह उसकी वजह से शुरू होती थी और रात उसकी वजह से खत्म।

अब न कोई Message था।

न कोई Call।

न कोई Notification।

न "Good Morning"।

न "Take Care"।

न "I Love You"।

सिर्फ़ ख़ामोशी।

मैं अभी उस ख़ामोशी को समझ भी नहीं पाया था कि ज़िंदगी ने मेरे लिए एक और तूफ़ान तैयार कर रखा था।

एक ऐसा तूफ़ान...

जो Heartbreak से कहीं बड़ा था।

7 जनवरी 2025।

वह दिन, जिसने मेरी पूरी दुनिया बदल दी।

उस सुबह सब कुछ बिल्कुल सामान्य लग रहा था।

Mini का उस दिन Exam था।

सुबह मेरी उससे बात हुई।

जैसे हर परीक्षा वाले दिन होती थी।

मैंने उसे *All the Best* कहा।

उसने भी मुस्कुराते हुए कहा कि Paper अच्छा जाएगा।

हम दोनों ने सोचा भी नहीं था कि कुछ घंटों बाद हमारी ज़िंदगी हमेशा के लिए बदल जाएगी।

घर में भी एक अलग-सी हलचल थी।

हम सबने तय किया था कि शाम को मेला देखने जाएँगे।

मैं...

पापा...

मम्मी...

Neha दी...

Anchal दी...

बुआ...

और फूफा...

काफी समय बाद पूरा परिवार एक साथ कहीं जाने वाला था।

किसी को अंदाज़ा नहीं था कि वह योजना कभी पूरी ही नहीं होगी।

ज़िंदगी अक्सर सबसे साधारण दिनों को ही सबसे असाधारण बना देती है।

और हमें पता भी नहीं चलता।

कुछ देर बाद अचानक सब कुछ बदल गया।

पापा की तबीयत बिगड़ने लगी।

पहले हल्की बेचैनी हुई।

फिर सीने में तेज़ दर्द।

कुछ ही मिनटों में घर का माहौल घबराहट में बदल गया।

किसी ने पानी लाया।

किसी ने दवा।

लेकिन सब समझ चुके थे कि बात सामान्य नहीं है।

हमें एक पल भी गंवाना नहीं था।

हम उन्हें लेकर तुरंत Ballia के लिए निकल पड़े।

मैं उनके साथ था।

पूरे रास्ते मैं उनका हाथ पकड़े बैठा रहा।

शायद मैं उन्हें दिलासा नहीं दे रहा था।

मैं खुद को समझा रहा था।

उस समय मेरा पूरा विश्वास था कि अस्पताल पहुँचते ही सब ठीक हो जाएगा।

ऐसा कैसे हो सकता था कि मेरे पापा...

बस यूँ ही चले जाएँ?

यह तो संभव ही नहीं था।

लेकिन ज़िंदगी हमारी मान्यताओं से नहीं चलती।

Ballia पहुँचने से पहले...

Sukhpura के पास...

मैंने महसूस किया कि उनके हाथ की पकड़ धीरे-धीरे ढीली पड़ रही है।

मैंने उनका हाथ और कसकर पकड़ लिया।

उन्हें पुकारा।

कोई जवाब नहीं आया।

कुछ ही क्षणों बाद...

वह हाथ पूरी तरह शांत हो गया।

उस पल समय रुक गया।

मेरे आसपास लोग थे।

सड़क थी।

एम्बुलेंस चल रही थी।

लेकिन मुझे कुछ सुनाई नहीं दे रहा था।

मैं सिर्फ़ उनका हाथ पकड़े बैठा था।

और पहली बार समझ रहा था कि किसी इंसान के चले जाने का मतलब क्या होता है।

मैंने रास्ते में ही अपने पिता को खो दिया था।

वापसी का सफर...

मेरी ज़िंदगी का सबसे लंबा सफर था।

अब उसी एम्बुलेंस में मेरे साथ मेरे पापा थे।

लेकिन इस बार...

वह कुछ नहीं बोल रहे थे।

मैं अकेला बैठा था।

उनकी Dead Body के साथ।

पूरे रास्ते।

मैं रो भी नहीं पा रहा था।

शायद मेरा दिमाग़ इस सच को स्वीकार ही नहीं कर पा रहा था।

कुछ घंटे पहले जो इंसान मेरे साथ बैठा था...

अब वही मेरे सामने निश्चल पड़ा था।

और मैं कुछ भी नहीं कर सकता था।

उधर Mini अपना Paper दे रही थी।

उसे अभी कुछ भी नहीं पता था।

मैंने रास्ते में ही किसी तरह उसे एक छोटा-सा Message भेज दिया।

"Papa अब नहीं रहे..."

बस इतना।

उस समय मुझमें इससे ज़्यादा लिखने की ताक़त नहीं थी।

जब तक वह परीक्षा देकर बाहर आई...

हम घर पहुँच चुके थे।

घर लोगों से भर चुका था।

रोने की आवाज़ें थीं।

रिश्तेदार आने लगे थे।

लेकिन मैं...

मैं जैसे बिल्कुल शांत हो चुका था।

इतना शांत कि लोग शायद समझ भी नहीं पा रहे थे कि मेरे भीतर क्या चल रहा है।

जब दर्द अपनी सीमा पार कर जाता है...

तो आँसू भी साथ छोड़ देते हैं।

मेरे साथ भी शायद वही हुआ था।

मैं सिर्फ़ एक ही बात सोच रहा था—

अब क्या होगा?

अब हमें कौन संभालेगा?

अब घर कैसे चलेगा?

अब मैं किससे सलाह लूँगा?

अब किसे पापा कहूँगा?

ऐसा लग रहा था जैसे कुछ ही घंटों में मेरी पूरी दुनिया खत्म हो गई हो।

Mini ने जैसे ही मेरा Message पढ़ा, वह समझ गई कि बात कितनी बड़ी है।

उसका अपना दुःख भी था।

उसका अपना Paper भी था।

लेकिन उसने सबसे पहले मेरे बारे में सोचा।

उसने अपने भाई से कहा कि उसे मेरे घर जाना है।

वह जानती थी कि यह आसान नहीं था।

उस समय तक उसके भाई को हमारे रिश्ते के बारे में कुछ नहीं पता था।

अगर उन्हें सच पता चल जाता...

तो बहुत कुछ बिगड़ सकता था।

हमारा रिश्ता...

उसका घर...

उसकी आज़ादी...

सब कुछ।

फिर भी...

उसने डर नहीं चुना।

उसने मुझे चुना।

उसने जोखिम नहीं देखा।

उसने मेरा दुःख देखा।

वह मेरे पास आना चाहती थी।

पर ऐसा नहीं हुआ।

उस समय जब मेरी पूरी दुनिया बिखर चुकी थी...

वह मेरे टूटे हुए हिस्सों के बीच खड़ी थी।

मैंने उस दिन शायद उससे बहुत कम बात की।

मुझमें बोलने की ताक़त ही नहीं बची थी।

उसकी मौजूदगी ही उस समय सबसे बड़ी सांत्वना थी।

कुछ लोग दुःख दूर नहीं कर सकते।

लेकिन दुःख में अकेला भी नहीं छोड़ते।

उस दिन Mini ने मेरे लिए वही किया।

आज पीछे मुड़कर देखता हूँ तो समझ आता है—

उसने सिर्फ़ मेरा साथ नहीं दिया था।

उसने अपने डर से भी लड़ाई लड़ी थी।

उसने परिस्थितियों से भी लड़ाई लड़ी थी।

और सबसे बड़ी बात...

उसने उस समय मेरा हाथ नहीं छोड़ा, जब मुझे सबसे ज़्यादा किसी की ज़रूरत थी।

लेकिन उसी दिन...

जब एक तरफ़ मैंने अपने पिता को खोया...

उसी दिन मेरी ज़िंदगी ने मुझसे बचपन भी छीन लिया।

पापा के जाने के बाद सिर्फ़ दुःख नहीं आया।

ज़िम्मेदारियाँ भी आईं।

अचानक ज़िंदगी ने यह पूछना बंद कर दिया कि मैं क्या चाहता हूँ।

अब वह पूछ रही थी—

मैं क्या करूँगा?

दुकान चलानी थी।

ग्राहक आने वाले थे।

बिल भरने थे।

घर संभालना था।

परिवार को सहारा देना था।

ज़िंदगी मेरे तैयार होने का इंतज़ार नहीं करने वाली थी।

और सच कहूँ तो...

मैं तैयार नहीं था।

कोई बेटा कभी तैयार नहीं होता।

एक दिन पहले तक मैं University का छात्र था।

अगले दिन मुझे व्यापार समझना था।

पैसों के फैसले लेने थे।

ज़िम्मेदारियाँ उठानी थीं।

उन परिस्थितियों का सामना करना था, जिनके बारे में मैंने कभी सोचा भी नहीं था।

दुकान में वह कुर्सी, जिस पर वर्षों तक पापा बैठते थे, अब मेरे इंतज़ार में थी।

और हर बार उस कुर्सी पर बैठते हुए मुझे याद आता था कि वह खाली क्यों है।

मुझे काम सीखना था।

व्यापार समझना था।

फैसले लेने थे।

और साथ ही अपनी पढ़ाई भी जारी रखनी थी।

एक तरफ किताबें थीं।

दूसरी तरफ दुकान।

एक तरफ सपने थे।

दूसरी तरफ ज़िम्मेदारियाँ।

एक तरफ युवावस्था थी।

दूसरी तरफ अचानक आ पहुँची वयस्कता।

और उन दोनों के बीच खड़ा था मैं।

खुद को टूटने से बचाने की कोशिश करता हुआ।

लोग कहते हैं कि *Adulthood* एक उम्र पर आकर शुरू होती है।

मुझे नहीं लगता।

कई बार Adulthood किसी जन्मदिन पर नहीं आती।

वह एक घटना के साथ आती है।

एक ऐसे पल के साथ, जब ज़िंदगी आपको बड़ा होने के अलावा कोई विकल्प नहीं देती।

मेरे लिए वह पल...

7 जनवरी 2025 था।

वह लड़का...

जो कभी बस स्टॉप पर खड़ा होकर इंतज़ार करता था...

जो दोस्तों के साथ स्कूल बस में गाने गाता था...

जो प्रेम पत्र लिखता था...

जो Gmail पर Reply का इंतज़ार करता था...

जो Forever पर विश्वास करता था...

धीरे-धीरे पीछे छूटने लगा।

और उसकी जगह कोई नया इंसान खड़ा था।

एक ऐसा इंसान...

जिसके कंधों पर ज़िम्मेदारियाँ थीं।

जिसके दिल में दुःख था।

जिसकी जेब में अधूरे सपने थे।

और जिसकी यादों में बहुत से लोग अब भी ज़िंदा थे।

कभी-कभी आज भी मैं उन लोगों के बारे में सोचता हूँ, जिन्होंने मेरी ज़िंदगी को आकार दिया।

उन रास्तों के बारे में सोचता हूँ, जो मुझे उनसे मिलाने के लिए बने थे।

उन पलों के बारे में सोचता हूँ, जो उस समय सामान्य लगते थे, लेकिन बाद में अमर हो गए।

Teen Muhani।

School Bus।

Aditi Restaurant।

Train Journeys।

Birthday Surprises।

Handwritten Letters।

Temple Visits।

रात भर चलने वाली बातें।

और वे वादे...

जो उस समय हमेशा के लिए लगते थे।

यादों की एक अजीब आदत होती है।

लोग चले जाते हैं।

लेकिन यादें रुक जाती हैं।

शायद इसी वजह से कुछ जगहें आज भी मुझे ज़िंदा महसूस होती हैं।

क्योंकि वहाँ मेरे अपने ही ऐसे रूप बसे हुए हैं...

जो अब इस दुनिया में नहीं हैं।

Sikanderpur की सड़कें आज भी वहीं हैं।

खेत आज भी वहीं हैं।

बाज़ार आज भी वहीं हैं।

स्कूल आज भी वहीं है।

बस स्टॉप आज भी वहीं है।

मंदिर आज भी वहीं हैं।

Photographs आज भी मौजूद हैं।

Letters आज भी मौजूद हैं।

Songs आज भी मौजूद हैं।

और कहीं न कहीं...

मेरे भीतर वे लोग भी मौजूद हैं...

जिन्हें मैंने खो दिया।

यह कहानी का अंत नहीं है।

यह सिर्फ़ शुरुआत का अंत है।

बचपन के पन्ने पलट चुके हैं।

पहले प्यार का अध्याय बंद हो चुका है।

पिता की छाया अब एक स्मृति बन चुकी है।

और वह लड़का...

जो कभी इस कहानी की शुरुआत में था...

अब अतीत का हिस्सा है।

अब एक नई यात्रा शुरू होती है।

सिर्फ़ सपनों की नहीं।

फ़र्ज़ की।

सहनशीलता की।

ज़िम्मेदारी की।

संघर्ष की।

और उस उम्मीद की...

कि शायद आगे कहीं...

दर्द और अनिश्चितताओं के पार...

ज़िंदगी ने अब भी कुछ खूबसूरत अध्याय बचाकर रखे हैं।

क्योंकि सच यह है—

यह कहानी कभी सिर्फ़ प्यार की नहीं थी।

यह कहानी कभी सिर्फ़ Heartbreak की नहीं थी।

यह कहानी कभी सिर्फ़ खोने की नहीं थी।

यह कहानी बनने की थी।

उस बेटे में बदलने की...

जिसकी ज़िंदगी को ज़रूरत थी।

उस इंसान में बदलने की...

जिसकी परिस्थितियाँ माँग कर रही थीं।

उस व्यक्ति में बदलने की...

जो उस लड़के से कहीं ज़्यादा मज़बूत था...

जिसने कभी इस कहानी की शुरुआत की थी।

और जब मैं अपनी ज़िंदगी का यह अध्याय बंद करता हूँ...

तो एक सवाल अब भी मेरे साथ चलता है।

वही सवाल...

जो आने वाले हर पन्ने पर मेरा पीछा करेगा—

जिन लोगों ने मुझे बनाया...

उन्हें खोने के बाद...

अब मैं कौन बनूँगा?

भाग – 1 का समापन

द लास्ट गुडबाय आई नेवर गॉट

(The Last Goodbye I Never Got)

> **"कुछ कहानियाँ एक अलविदा पर खत्म होती हैं।
> मेरी कहानी एक अलविदा और एक अंतिम विदाई के बीच बदल गई।
> और उन दोनों नुकसानों के बीच कहीं...
> एक लड़का बड़ा हो गया।"**

Sikanderpur आज भी वहीं है।

यादें भी।

गूँज भी।

लेकिन वह लड़का, जिसने यह कहानी शुरू की थी, अब वैसा नहीं रहा।

पहले प्यार का अध्याय समाप्त हो चुका है।

बचपन पीछे छूट चुका है।

अब आगे एक नई यात्रा है—

ज़िम्मेदारियों की।

संघर्ष की।

और खुद को फिर से खोजने की।

कहानी अभी बाकी है...

भाग – 2

जब शोक ज़िम्मेदारी बन गया

(When Grief Became Responsibility)

खोने की कहानी।

फ़र्ज़ की कहानी।

संघर्ष की कहानी।

और **राख से फिर एक ज़िंदगी बनाने की कहानी**।

विषय सूची

अध्याय 10

बदलाव से पहले की खामोशी

उस रात ने मुझसे बहुत कुछ माँग लिया था।

नींद आई भी तो टुकड़ों में।

हर बार जब आँखें बंद होतीं, यादें लौट आतीं।

चाय की दुकान के पास खड़ी **Mini**।

वह शांत शाम।

वे बातें, जो हम कहना चाहते थे, लेकिन कह नहीं पाए।

और वह एहसास कि शायद हमारी ज़िंदगी में कुछ बदलना शुरू हो चुका था, भले ही उस समय हम दोनों उसे समझ नहीं पा रहे थे।

सुबह होने तक शरीर ने आराम किया था, लेकिन मन पूरी तरह थक चुका था।

खिड़की से आती हल्की धूप धीरे-धीरे कमरे में फैल रही थी।

बाहर **Sikanderpur** अपनी रोज़ की रफ्तार में जाग रहा था।

कहीं दूर साइकिल की घंटी सुनाई दी।

किसी दुकान का शटर खुला।

किसी ने ग्राहक को आवाज़ लगाई।

एक और साधारण दिन शुरू हो रहा था।

दुनिया के लिए यह बस एक और सुबह थी।

लेकिन मेरे लिए नहीं।

मैं रोज़ की तुलना में थोड़ा ज़्यादा देर तक बिस्तर पर पड़ा रहा।

छत को देखते हुए पिछली शाम को बार-बार याद करता रहा।

कुछ यादें रात के साथ धुंधली पड़ जाती हैं।

कुछ यादें सुबह तक और गहरी हो जाती हैं।

आख़िरकार मैं उठा और वॉशबेसिन की तरफ़ चला गया।

ठंडे पानी के छींटों ने चेहरे को तो जगा दिया, लेकिन मन अब भी कहीं और भटक रहा था।

आईने में दिखता चेहरा थका हुआ लग रहा था।

शारीरिक रूप से नहीं।

भावनात्मक रूप से।

वैसी थकान, जो तब महसूस होती है जब ज़िंदगी आपसे ऐसे सवाल पूछना शुरू कर दे, जिनके जवाब आपके पास नहीं होते।

नीचे दुकान मेरा इंतज़ार कर रही थी।

वही पुरानी लकड़ी का काउंटर।

वही अलमारियाँ।

वही परिचित खुशबू, जो बचपन से मेरी ज़िंदगी का हिस्सा रही थी।

सालों तक यह जगह **Papa** की थी।

अब धीरे-धीरे यह मेरी ज़िम्मेदारी भी बनती जा रही थी।

मैंने शटर का ताला खोला और उसे ऊपर धकेला।

धातु की आवाज़ के साथ सुबह की धूप दुकान के अंदर फैल गई।

बाहर **Sikanderpur** बिल्कुल वैसा ही था, जैसा हमेशा रहा था।

बच्चे स्कूल की तरफ़ भाग रहे थे।

दुकानदार अपना सामान सजा रहे थे।

लोग सुबह की चाय के लिए रुक रहे थे।

सड़कों पर रोज़ की बातचीत तैर रही थी।

पूरा शहर वैसा ही था।

और शायद यही बात मुझे सबसे ज़्यादा अजीब लग रही थी।

क्योंकि मेरे अंदर कुछ बदल रहा था, जबकि मेरे आसपास सब कुछ पहले जैसा दिख रहा था।

पिछले कुछ महीनों में ज़िंदगी का आकार बदलना शुरू हो गया था।

स्कूल अब हमेशा रहने वाली चीज़ नहीं लगती थी।

कॉलेज अब दूर का सपना नहीं रह गया था।

ज़िम्मेदारियाँ पहले से भारी महसूस होने लगी थीं।

सपने पहले से बड़े लगने लगे थे।

और पहली बार, भविष्य बहुत दूर नहीं दिखाई देता था।

वह धीरे-धीरे मेरी तरफ़ बढ़ रहा था।

चुपचाप।

लगातार।

चाहे मैं तैयार था या नहीं।

सुबह कुछ ग्राहक आए।

मैं मशीन की तरह काम करता रहा।

सामान देना।

हिसाब लगाना।

पैसे वापस करना।

सब कुछ सामान्य था।

लेकिन मेरा मन बार-बार कहीं और चला जाता।

मिनी की तरफ़।

भविष्य की तरफ़।

उन सवालों की तरफ़, जिनका जवाब मेरे पास नहीं था।

मैं सोचता था कि आने वाले साल कैसे होंगे।

क्या जिन सपनों के बारे में हम घंटों बात करते थे, वे सचमुच ज़िंदा रह पाएँगे?

क्या जो वादे हमने किए थे, वे उतने ही मज़बूत रहेंगे, जब ज़िंदगी और मुश्किल हो जाएगी?

उस उम्र में मुझे अब भी लगता था कि अगर दो लोग पूरी कोशिश करें, तो किसी भी कहानी को बचाया जा सकता है।

मुझे अभी यह सीखना बाकी था कि कुछ लड़ाइयाँ दो लोगों के बीच नहीं होतीं।

वे परिस्थितियों के ख़िलाफ़ होती हैं।

और कई बार परिस्थितियाँ प्यार से भी बड़ी साबित होती हैं।

सुबह दोपहर में बदल गई।

सूरज और ऊपर चढ़ गया।

सड़कें और व्यस्त हो गईं।

दुकान भरती और खाली होती रही।

बाहर से देखने पर यह बिल्कुल साधारण दिन था।

लेकिन उस साधारण दिन के भीतर कुछ असाधारण चुपचाप जन्म ले रहा था।

मैं उसे महसूस कर सकता था।

किसी घटना की तरह नहीं।

किसी फैसले की तरह नहीं।

किसी डर की तरह भी नहीं।

बस ऐसे, जैसे ज़मीन के नीचे कहीं बहुत दूर कोई हलचल हो रही हो।

जैसे ज़िंदगी एक नया पन्ना पलटने की तैयारी कर रही हो।

मुझे नहीं पता था कि आगे क्या आने वाला है।

मुझे नहीं पता था कि मैं कौन बनने वाला हूँ।

मैं बस इतना जानता था कि जिन जवाबों को मैं भविष्य में ढूँढ़ रहा था, वे अब मेरी तरफ़ बढ़ रहे थे।

धीरे-धीरे।

चुपचाप।

और बहुत जल्द...

वे मेरी पूरी ज़िंदगी बदल देने वाले थे।

अध्याय 11

जब ज़िंदगी रुकने को तैयार नहीं थी

Papa के जाने के बाद ज़िंदगी वैसी नहीं रही, जैसी पहले हुआ करती थी।

सब कुछ एक ही दिन में बिखर नहीं गया था।

घर अब भी वहीं खड़ा था।

दुकान अब भी रोज़ सुबह खुलती थी।

Sikanderpur की गलियाँ अब भी लोगों की आवाज़ों, धूल और रोज़मर्रा की भागदौड़ से भरी रहती थीं।

बाहर से देखने पर सब कुछ सामान्य लगता था।

लेकिन मेरे भीतर कुछ हमेशा के लिए बदल चुका था।

उस समय मैं कॉलेज के **Fifth Semester** में था।

मेरे दो पेपर हो चुके थे और दो अभी बाकी थे।

दुःख ने **University** का **Schedule** नहीं बदला।

किसी के पिता के चले जाने से **Exam Dates** आगे नहीं बढ़तीं।

Calendar अपनी जगह चलता रहता है और ज़िंदगी उम्मीद करती है कि तुम भी चलते रहो।

हर कुछ दिनों में मुझे **Lucknow** जाना पड़ता था।

एक हाथ में किताबें होती थीं।

दूसरे हाथ में ज़िम्मेदारियाँ।

और मैं दोनों को साथ लेकर चलने की कोशिश कर रहा था, जैसे अब भी सब कुछ पहले जैसा हो।

लेकिन कुछ भी पहले जैसा नहीं था।

हर सफ़र पहले से थोड़ा ज़्यादा भारी महसूस होता था।

कुछ ही दिन पहले **Papa** मेरे साथ बैठे थे।

और अब उनकी जगह सिर्फ़ यादें थीं।

उन यादों में एक याद बार-बार लौटकर आती थी।

Papa के जाने से कुछ दिन पहले हम दोनों साथ बैठकर **लीट्टी चोखा** खा रहे थे।

वह बिल्कुल साधारण दोपहर थी।

उस समय उसमें कुछ भी खास नहीं लगा था।

बातों-बातों में **Ghee** पर बहस शुरू हो गई।

Papa का कहना था कि **Litti** को पहले तोड़कर उसके ऊपर **Ghee** डालना चाहिए।

मेरा कहना था कि उसे सीधे **Ghee** में डुबोकर खाना चाहिए।

बहस बिल्कुल बेकार थी।

ऐसी बातें, जिन्हें लोग कुछ घंटों बाद भूल जाते हैं।

लेकिन आज मुझे उसका हर छोटा-सा हिस्सा याद है।

गरम **Litti** से उठती भाप।

खाने की खुशबू।

Papa का अपने तर्क को ऐसे समझाना, जैसे यह कोई बहुत बड़ा मुद्दा हो।

और फिर हमारा हँस पड़ना।

तब मुझे क्या पता था कि यह हमारी आख़िरी बातचीतों में से एक होगी।

आज भी जब कभी **Litti Chokha** खाता हूँ, वह दोपहर बिना बुलाए लौट आती है।

कुछ पल के लिए ऐसा लगता है, जैसे मैं फिर से उनके साथ बैठा हूँ।

फिर हक़ीक़त सामने आ जाती है।

और याद दिलाती है कि अब वह नहीं हैं।

कुछ यादें बहुत चुपचाप आती हैं।

और साँस लेना मुश्किल कर जाती हैं।

इन सबके बीच **Lucknow** में मेरा किराए का कमरा अब भी मेरा इंतज़ार कर रहा था।

वह ठीक वैसा ही था, जैसा मैं छोड़कर आया था।

कमरे को अब भी लगता था कि मैं सिर्फ़ एक **Student** हूँ।

लेकिन ज़िंदगी ने मेरे लिए कुछ और तय कर लिया था।

जैसे हालात पहले से कम मुश्किल नहीं थे, उसी दौरान मेरा **Phone** भी खराब हो गया।

Display पूरी तरह बंद हो गई।

Phone Vibrate करता था, **Calls** भी आती थीं, लेकिन **Screen** पर कुछ दिखाई नहीं देता था।

उसी समय **Samsung S25** Launch हुआ था।

आख़िरकार मैंने नया **Phone** खरीद लिया।

लेकिन उस खरीदारी ने भी मुझे अजीब-सा अपराधबोध दिया।

हमारे यहाँ कहा जाता है कि घर में किसी की मृत्यु के तुरंत बाद नई चीज़ें नहीं खरीदनी चाहिए।

मुझे यह बात पता थी।

लेकिन मुझे **Phone** की ज़रूरत भी थी।

ज़िंदगी नहीं रुकी थी।

ज़िम्मेदारियाँ नहीं रुकी थीं।

Exam नहीं रुके थे।

इसलिए मैंने **Phone** खरीद लिया।

और पता नहीं क्यों, वह छोटा-सा फैसला भी दिल पर बोझ बन गया।

दुकान।

घर।

पढ़ाई।

Exam।

और दुःख।

इन सबके बीच दिन कब शुरू होते और कब खत्म हो जाते, पता ही नहीं चलता था।

सुबह दुकान खोलता।

मौका मिलता, तो पढ़ाई करता।

Lucknow जाता।

वापस घर आता।

फिर वही सब दोबारा।

सब कुछ मशीन की तरह चल रहा था।

जैसे मेरा शरीर काम कर रहा हो, लेकिन मेरा मन कहीं और अटका हुआ हो।

Lucknow अब ज़िंदगी नहीं रहा था।

बस कुछ घंटों के लिए जिया जाने वाला एक अस्थायी संसार बन गया था।

Exam वाले दिनों में मेरा **Alarm** सूरज निकलने से पहले बज जाता था।

जनवरी की ठंडी हवा चेहरे को चीरती हुई लगती थी।

मेरा **Exam Centre** कमरे से लगभग तेईस किलोमीटर दूर था।

हर सुबह मैं **Uber Bike** बुक करता और अँधेरे शहर की सड़कों से होकर निकल पड़ता।

वे सफ़र बहुत लंबे लगते थे।

Street Lights पीछे छूटती रहतीं।

और मेरे विचार किताबों, **Papa** की यादों, ज़िम्मेदारियों और थकान के बीच भटकते रहते।

मैं सिर्फ़ **Exam** देने नहीं जा रहा था।

मैं खुद को साबित कर रहा था कि मैं अब भी आगे बढ़ सकता हूँ।

एक दिन **Exam** खत्म होने के बाद मैंने वापसी के लिए **Uber** बुक की।

पहले कोई **Rider** नहीं मिला।

फिर एक ने **Ride Accept** की, लेकिन वह हिला तक नहीं।

मैंने **Ride Cancel** कर दी और दोबारा **Book** की।

इस बार वही **Rider** फिर से मिला।

कुछ देर बाद वह आ गया।

हम मुश्किल से कुछ दूर ही पहुँचे थे कि अचानक एक दूसरी **Bike** ने हमें टक्कर मार दी।

सब कुछ एक पल में हुआ।

एक सेकंड पहले हम सड़क पर चल रहे थे।

अगले ही पल सड़क पर गिरे पड़े थे।

दूसरी **Bike** वाला रुका तक नहीं।

न पीछे मुड़ा।

न कुछ पूछा।

बस चला गया।

कुछ सेकंड तक मैं वहीं बैठा रहा।

समझने की कोशिश करता हुआ कि अभी हुआ क्या है।

शरीर में दर्द था।

लेकिन मैं उठ सकता था।

फिर मुझे अपना **Phone** याद आया।

मैंने घबराकर उसे ढूँढ़ना शुरू किया।

आख़िरकार वह सड़क किनारे पड़ा मिला।

Screen फिर से पूरी तरह काली हो चुकी थी।

Phone चालू था।

Vibration भी आ रही थी।

लेकिन कुछ दिखाई नहीं दे रहा था।

मैं सड़क किनारे खड़ा होकर अँधेरे **Phone** से बोला—

"Hey Bixby, Call Devansh."

कुछ सेकंड बाद **Call** लग गई।

मैंने उसे पूरी बात बताई और पास के **Samsung Service Centre** का पता पूछा।

मैं **Mini** को भी बताना चाहता था।

लेकिन उसका भी **Exam** चल रहा था।

Bixby की मदद से मैंने **Hotspot On** किया, **Tablet Connect** किया और किसी तरह उसे **Message** भेजा।

साथ में **Accident** की एक **Photo** भी।

मुझे **Sympathy** नहीं चाहिए थी।

मैं बस चाहता था कि उसे पता हो।

कुछ देर बाद वह आ गई।

आज भी मुझे याद है, जब मैंने उसे **Service Centre** की तरफ़ चलते हुए देखा था।

तब तक हादसे का **Shock** कम हो चुका था।

सिर्फ़ थकान बची थी।

उसने कोई हड़बड़ाहट नहीं दिखाई।

कोई बड़ा **Reaction** नहीं दिया।

वह बस मेरे साथ खड़ी रही।

और कई बार किसी इंसान का साथ होना, शब्दों से कहीं ज़्यादा मायने रखता है।

उसने **Phone Repair** के लिए जमा करवाने में मदद की।

बार-बार पूछा कि मैं ठीक हूँ या नहीं।

और तब तक साथ रही, जब तक सारा काम पूरा नहीं हो गया।

शाम को मैं वापस घर जाने वाली **Train** में बैठ गया।

आराम करने के लिए नहीं।

Recovery के लिए नहीं।

बल्कि इसलिए क्योंकि घर पर ज़िंदगी मेरा इंतज़ार कर रही थी।

दुकान अगले दिन भी खुलनी थी।

Exam अभी भी बाकी थे।

ज़िम्मेदारियाँ कहीं नहीं गई थीं।

Train धीरे-धीरे अँधेरे में आगे बढ़ती रही।

खिड़की के बाहर खेत गायब होते गए।

शरीर दर्द कर रहा था।

दिमाग़ खाली था।

और **Lucknow** से घर के उस सफ़र के बीच मुझे एक बात समझ आने लगी।

खोने से सब कुछ बदल जाता है।

लेकिन ज़िंदगी फिर भी आगे बढ़ने की माँग करती है।

हमेशा आगे।

सिर्फ़ आगे।

मुझे नहीं पता था कि यह रास्ता मुझे कहाँ ले जाएगा।

बस इतना जानता था कि अब रुकना मेरे लिए विकल्प नहीं रहा।

और शायद बिना जाने ही...

मैं जीना नहीं,

बल्कि टूटने के बाद भी चलते रहना सीख रहा था।

अध्याय 12

बड़े होने की कीमत

घर लौटने के बाद ज़िंदगी इतनी जल्दी अपनी पुरानी रफ्तार में वापस आ गई कि कभी-कभी यह बात क्रूर लगती थी।

सुबह दुकान खुलती।

ग्राहक आते।

फोन बजते।

सप्लायर अपना हिसाब पूछते।

बाज़ार पहले की तरह चलता रहता।

बाहर से देखने पर सब कुछ सामान्य था।

लेकिन मेरे लिए कुछ भी सामान्य नहीं था।

हर रोज़मर्रा की चीज़ अब अपने साथ एक खालीपन लेकर आती थी।

दुकान की हर शेल्फ।

हर पुराना रजिस्टर।

हर सुबह।

हर फैसला।

हर बातचीत।

हर जगह **Papa** की कमी मौजूद थी।

सालों तक मैंने उन्हें यह सब करते हुए देखा था।

दुकान खोलना।

ग्राहकों को संभालना।

समस्याएँ सुलझाना।

हिसाब रखना।

निर्णय लेना।

उस समय यह सब बहुत आसान लगता था।

जैसे यह काम अपने आप हो जाते हों।

लेकिन उनके जाने के बाद समझ आया कि इन सबके पीछे कितनी मेहनत छिपी थी।

और उससे भी ज़्यादा, कितनी ज़िम्मेदारियाँ।

धीरे-धीरे हफ्ते गुजरते गए।

फिर **Holi** आ गई।

लेकिन यह वैसी **Holi** नहीं थी, जैसी मुझे याद थी।

न रंगों वाली।

न शोर वाली।

न हँसी वाली।

न मस्ती वाली।

इस बार **Holi** की सुबह से ही सब कुछ अलग था।

घर में किसी का मन नहीं था।

रंग दूर रख दिए गए थे।

गाने नहीं बजे।

किसी ने ज़बरदस्ती खुश होने की कोशिश भी नहीं की।

सब कुछ शांत था।

संयमित।

जैसे पूरा घर किसी ऐसी चीज़ की कमी महसूस कर रहा हो, जिसका नाम लेने की भी हिम्मत नहीं थी।

लेकिन सबसे ज़्यादा तकलीफ़ रंगों के न होने से नहीं हुई।

सबसे ज़्यादा तकलीफ़ **Papa** के न होने से हुई।

हर साल **Holi** पर उनकी डाँट सुनाई देती थी।

उनके निर्देश।

उनकी शिकायतें।

उनकी लगातार निगरानी।

उस समय हम सबको यह सब परेशान करने वाला लगता था।

आज उन्हीं आवाज़ों को सुनने के लिए शायद हम कुछ भी दे देते।

घर पहली बार इतना ख़ामोश लगा था।

और वह ख़ामोशी किसी भी झगड़े से ज़्यादा दर्द दे रही थी।

उन दिनों एक याद बार-बार लौटकर आती थी।

हर **Holi** की सुबह **Papa** मुझे लगभग पाँच बजे जगा देते थे।

फिर दुकान की सफाई के लिए साथ ले जाते थे।

मुझे उससे नफ़रत थी।

मैं हमेशा बहाने बनाता था।

थोड़ी देर और सोने की कोशिश करता था।

हर साल सोचता था कि काश इस काम से बच जाऊँ।

लेकिन इस बार जब मैं **Chaudhary Ji** (जो हमारे दुकान पे काम करते थे) के साथ दुकान साफ़ करने गया, तो पहली बार मुझे उसी चीज़ की कमी महसूस हुई, जिससे मैं सालों भागता रहा था।

मैं चाहता था कि **Papa** वहाँ हों।

मैं चाहता था कि वह धूल देखकर नाराज़ हों।

मैं चाहता था कि वह मेरी गलतियाँ निकालें।

मैं चाहता था कि वह कहें कि सफाई ठीक से नहीं हुई।

लेकिन इस बार मेरे पास सिर्फ़ यादें थीं।

दुकान का हर कोना उन्हें याद दिला रहा था।

सामान रखने का उनका तरीका।

छोटी-छोटी बातों पर उनका ध्यान।

हर चीज़ को व्यवस्थित रखने की उनकी आदत।

वे बातें, जो उस समय महत्वहीन लगती थीं, अब सबसे ज़्यादा याद आती थीं।

तब समझ आया कि किसी को खोना हमेशा दर्द नहीं देता।

कभी-कभी वह खालीपन देता है।

ऐसा खालीपन, जिसे कोई भर नहीं सकता।

उसी दौरान मुझे **Mini** की एक पुरानी बात याद आई।

एक बार उसने मेरा फोन लेकर सीधे **Papa** को कॉल कर दिया था।

उसने उनसे सिर्फ़ एक बात कही थी—

> "उनको कभी कभी बिना काम के भी कॉल कर लिया करिए।
> बस पूछ लिया करिए कि कैसे है।"

उस समय मुझे बहुत अजीब लगा था।

मैंने जल्दी से बात खत्म कर दी थी।

उस दिन मुझे उसकी बात समझ नहीं आई थी।

आज समझ आती है।

और शायद यही सबसे बड़ा दुख है।

कुछ बातें हमें तब समझ आती हैं, जब उन्हें बदलने का मौका हमेशा के लिए खत्म हो चुका होता है।

उन दिनों मैं **Papa** से हुए पुराने झगड़ों के बारे में भी बहुत सोचता था।

पढ़ाई को लेकर।

भविष्य को लेकर।

ज़िम्मेदारियों को लेकर।

मैं अक्सर उन्हें बहुत सख्त समझता था।

बहुत कठोर।

बहुत मुश्किल।

जब मुझे सहारा चाहिए होता था, वह अनुशासन देते थे।

जब मुझे सहमति चाहिए होती थी, वह सलाह देते थे।

तब मुझे लगता था कि वह मुझे समझते नहीं हैं।

आज समझ आता है कि वह मुझे उस ज़िंदगी के लिए तैयार कर रहे थे, जो हमेशा आसान नहीं होने वाली थी।

दर्दनाक बात यह है कि कई बार समझ तब आती है, जब "धन्यवाद" कहने का अवसर हमेशा के लिए चला जाता है।

समय बीतता गया।

और मैं धीरे-धीरे व्यापार में उतरता चला गया।

शुरुआत में हर चीज़ भारी लगती थी।

हर फैसला डराता था।

हर गलती बड़ी लगती थी।

हर ज़िम्मेदारी अपने कंधों से बड़ी महसूस होती थी।

लेकिन फिर वही हुआ, जो हमेशा होता है।

मैंने गलतियाँ कीं।

उनसे सीखा।

फिर नई गलतियाँ कीं।

फिर उनसे भी सीखा।

धीरे-धीरे दुकान अनजानी नहीं रही।

काम डराने वाला नहीं रहा।

और जो ज़िम्मेदारियाँ कभी असंभव लगती थीं, वे रोज़मर्रा की ज़िंदगी का हिस्सा बन गईं।

लेकिन एक और बोझ मेरा इंतज़ार कर रहा था।

Papa ने **Phupha** से दुकान के लिए सात किलो चाँदी का सामान उधार ली थी।

वह कर्ज़ अब मेरा भी था।

मैंने धीरे-धीरे उसे चुकाना शुरू किया।

एक कदम।

एक फैसला।

एक भुगतान।

धीरे-धीरे सात किलो छह हुआ।

फिर पाँच।

फिर चार।

और समय के साथ सिर्फ़ दो किलो बचा।

इतना ही नहीं, दुकान की ज़रूरत के लिए मैंने दो किलो चाँदी और भी जोड़ दी।

पहली बार मुझे लगा कि मैं सिर्फ़ बोझ नहीं उठा रहा।

मैं उसे हल्का भी कर रहा हूँ।

हर कम हुआ किलो ऐसा लगता था, जैसे **Papa** से किया कोई वादा पूरा हो रहा हो।

फिर भी एक सवाल हमेशा मेरे साथ चलता रहा।

पढ़ाई का क्या होगा?

मेरे भीतर का **Student** कहीं गया नहीं था।

वह बस पीछे छूट गया था।

University अब भी थी।

Exams अब भी थे।

सपने अब भी थे।

लेकिन ज़िम्मेदारियाँ धीरे-धीरे सारी जगह घेरती जा रही थीं।

कुछ दिन दोनों संभल जाते।

कुछ दिन दोनों बिखर जाते।

कई बार मुझे लगता कि मैं वह दुकानदार बन रहा हूँ, जिसकी मेरे परिवार को ज़रूरत है।

लेकिन उसी प्रक्रिया में कहीं वह भविष्य खो रहा हूँ, जिसका मैंने सपना देखा था।

यही संघर्ष पूरे साल मेरे साथ रहा।

महीने गुजरते गए।

काम बढ़ता गया।

खर्चे बढ़ते गए।

ज़िम्मेदारियाँ बढ़ती गईं।

और उनके साथ थकान भी।

कई बार वही थकान उन जगहों तक पहुँच जाती, जहाँ उसे नहीं पहुँचना चाहिए था।

एक दिन **Mini** से बहस के दौरान मैंने कुछ ऐसा कह दिया, जो नहीं कहना चाहिए था।

शब्द मुँह से निकलते ही पछतावा शुरू हो गया।

लेकिन कुछ बातें वापस नहीं ली जा सकतीं।

कुछ घाव बोलने के बाद ही बन जाते हैं।

और फिर चुपचाप अपना असर दिखाते रहते हैं।

फिर **Diwali** आ गई।

Papa की पसंदीदा **Diwali**।

इस बार मैंने सब कुछ सही करने की कोशिश की।

दुकान में पेंट करवाया।

दुकान साफ़ करवाई।

Pandit Ji को बुलाया।

पूजा की तैयारी की।

हर रस्म निभाई।

हर ज़िम्मेदारी पूरी की।

बाहर से देखने पर सब कुछ बिल्कुल सही था।

फिर भी कुछ अधूरा था।

क्योंकि **Papa** नहीं थे।

लगातार छह साल तक हमारी एक परंपरा रही थी।

Diwali की सुबह सूरज निकलने से पहले **Papa** मुझे जगा देते थे।

हम बाइक पर निकलते।

मिठाइयाँ और कैलेंडर लेकर।

एक-एक ग्राहक के घर जाते।

सर्द हवा में पूरा शहर घूमते।

लोगों को शुभकामनाएँ देते।

वह सिर्फ़ एक परंपरा नहीं थी।

वह हमारे साथ बिताया गया समय था।

इस बार वह परंपरा मेरे साथ ही खत्म हो गई।

मेरे अंदर उसे अकेले निभाने की ताकत नहीं थी।

इसलिए मैं दुकान पर ही बैठा रहा।

जो आया, उसे मिठाई और कैलेंडर दिया।

लेकिन मैं किसी के घर नहीं गया।

कुछ परंपराएँ इसलिए नहीं टूटतीं कि हम उन्हें निभा नहीं सकते।

वे इसलिए टूटती हैं क्योंकि जिन्हें साथ निभाना था, वे अब साथ नहीं होते।

उस रात मैं दुकान के बाहर खड़ा होकर **Sikanderpur** की रोशनी देख रहा था।

पूरा बाज़ार जगमगा रहा था।

दीये जल रहे थे।

बच्चों की हँसी दूर तक सुनाई दे रही थी।

पटाखों की रोशनी आसमान में चमक रही थी।

सब कुछ सुंदर था।

फिर भी मेरे भीतर अजीब-सी ख़ामोशी थी।

उसी रात मुझे एक और बात समझ आई।

मेरा संसार छोटा हो चुका था।

दोस्त दूर हो चुके थे।

Dada नहीं थे।

Papa नहीं थे।

कई लोग, जो कभी सुरक्षा का एहसास देते थे, अब सिर्फ़ यादों में मौजूद थे।

जो बचा था, वह मेरी माँ थीं।

मेरी बहनें थीं।

कुछ रिश्तेदार थे।

और वे ज़िम्मेदारियाँ थीं, जिन्हें हमें मिलकर उठाना था।

अकेलापन अचानक नहीं आता।

वह धीरे-धीरे आपके पास बैठ जाता है।

और फिर एक दिन आपको एहसास होता है कि वह कई महीनों से आपका साथी बना हुआ है।

उस **Diwali** की रात, दुकान के दरवाज़े पर खड़े होकर मुझे पहली बार महसूस हुआ कि मेरा बचपन सचमुच खत्म हो चुका है।

किसी उम्र की वजह से नहीं।

कॉलेज की वजह से नहीं।

बल्कि इसलिए क्योंकि ज़िम्मेदारियाँ आ चुकी थीं।

और अब जाने वाली नहीं थीं।

किसी का बेटा होने का सुकून धीरे-धीरे बदलकर ऐसा इंसान बनने की ज़िम्मेदारी में बदल रहा था, जिस पर दूसरे लोग भरोसा कर सकें।

यह कोई वीरता की कहानी नहीं थी।

यह बस ज़िंदगी थी।

और उसी साल, बिना महसूस किए, मैं बदलने लगा।

उस इंसान में नहीं, जो मैं बनना चाहता था।

बल्कि उस इंसान में, जिसकी ज़िंदगी को ज़रूरत थी।

कुछ नुकसान सिर्फ़ लोगों को हमसे दूर नहीं ले जाते।

वे हमारी पूरी ज़िंदगी का आकार बदल देते हैं।

और मैं उसी बदली हुई ज़िंदगी में जीना सीख रहा था।

अध्याय 13

बिछड़ने के बाद जो सच दिखाई दिए

जब **Papa** गए, तब मुझे लगा था कि सबसे मुश्किल चीज़ दुःख होगी।

मैं गलत था।

दुःख दर्द देता है, लेकिन वह ईमानदार होता है।

लोग कहीं ज़्यादा जटिल होते हैं।

Papa के जाने के बाद के महीनों में मैंने ऐसी बातें सीखी, जो कोई स्कूल नहीं सिखाता।

परिवार के बारे में।

रिश्तों के बारे में।

उम्मीदों के बारे में।

और उस अंतर के बारे में, जो खून के रिश्तों और वास्तविक साथ के बीच होता है।

बचपन से मैं मानता आया था कि परिवार का मतलब साथ होना होता है।

लेकिन 2025 ने इस विश्वास को बदल दिया।

Papa के रहते **बड़े पुफा** अक्सर घर आया करते थे।

हर दूसरे या तीसरे दिन उनका आना लगभग तय होता था।

कई बार खाना खाने के समय।

कई बार यूँ ही बैठने के लिए।

उनकी मौजूदगी हमारे घर की दिनचर्या का हिस्सा बन चुकी थी।

लेकिन **Papa** के जाने के बाद वह दिनचर्या धीरे-धीरे गायब होने लगी।

शुरुआत में लगा शायद व्यस्त होंगे।

फिर हफ्ते बीत गए।

फिर महीने।

आना कम होता गया।

फिर लगभग बंद हो गया।

कभी यह पूछने के लिए फोन नहीं आया कि हम कैसे हैं।

दुकान चल रही है या नहीं।

घर का खर्च निकल रहा है या नहीं।

हम संभल रहे हैं या सिर्फ़ संभलने का अभिनय कर रहे हैं।

उनकी चुप्पी ही उनका जवाब बन गई।

और उसी चुप्पी ने मुझे एक सच्चाई सिखाई।

नुकसान सिर्फ़ दुःख नहीं दिखाता।

वह लोगों की प्राथमिकताएँ भी दिखा देता है।

हर वह व्यक्ति, जो आपके खून का रिश्ता है, ज़रूरी नहीं कि आपके बोझ का हिस्सा भी हो।

बहुत से लोग तब तक साथ रहते हैं, जब तक सब कुछ ठीक चल रहा होता है।

मुश्किल समय में साथ बने रहने वाले लोग बहुत कम होते हैं।

लेकिन हर रिश्ता कमजोर नहीं पड़ा।

कुछ रिश्ते पहले से मज़बूत हो गए।

और यही बात मुझे सबसे ज़्यादा हैरान करती थी।

बुआ लोग उन्हीं लोगों में थीं।

Papa के रहते हमारा रिश्ता सामान्य था।

त्योहारों पर बातचीत।

पारिवारिक कार्यक्रमों में मुलाकात।

बस उतना ही।

लेकिन **Papa** के जाने के बाद कुछ बदल गया।

उनके फोन आने लगे।

वे पूछतीं कि हम कैसे हैं।

दुकान कैसी चल रही है।

मम्मी कैसी हैं।

किसी चीज़ की ज़रूरत तो नहीं।

उनका साथ दिखावटी नहीं था।

कोई बड़ी-बड़ी बातें नहीं।

कोई भावुक भाषण नहीं।

बस लगातार चिंता।

और मुश्किल समय में वही सबसे कीमती चीज़ होती है।

कई बार साथ वहाँ से मिलता है, जहाँ आपने उम्मीद नहीं की होती।

और जहाँ सबसे ज़्यादा उम्मीद होती है, वहीं सबसे ज़्यादा खालीपन मिल जाता है।

फिर **Jiten Uncle** थे।

उनके बारे में मेरी भावनाएँ आज भी पूरी तरह स्पष्ट नहीं हैं।

Dada के जाने के बाद जो कुछ हुआ था, वह मैं पहले ही लिख चुका हूँ।

ज़मीन के झगड़े।

कड़वाहट।

दूरी।

टूटते रिश्ते।

मैंने सालों तक **Papa** को उन सबका बोझ उठाते देखा था।

उन्होंने बहुत कुछ सहा।

बहुत कुछ चुपचाप सहा।

और फिर **Papa** चले गए।

उसके बाद अचानक सब कुछ बदलने लगा।

Jiten Uncle का घर आना शुरू हुआ।

निमंत्रण आने लगे।

जन्मदिन याद रखे जाने लगे।

पारिवारिक कार्यक्रमों में हमारा शामिल होना सामान्य हो गया।

यहाँ तक कि एक समय ऐसा भी आया, जब मैं और मम्मी उनके साथ **Prayagraj** गए।

Kumbh में स्नान किया।

Pandit Ji से मिले।

करीब एक साल तक रिश्ते सामान्य बने रहे।

और सच कहूँ तो, कभी-कभी यह सब मुझे अजीब लगता था।

जैसे **Papa** की अनुपस्थिति ने कोई अदृश्य दीवार हटा दी हो।

शायद मेरा सोचना गलत हो।

शायद नहीं।

लेकिन यह विचार मेरे मन में कई बार आया।

क्योंकि जब मैं **Papa** की ज़िंदगी को पीछे मुड़कर देखता हूँ, तो एक बात साफ़ दिखाई देती है।

उन्होंने परिवार के लिए बहुत कुछ छोड़ा था।

अपने भाइयों के लिए।

अपनी बहनों के लिए।

शादियों के लिए।

ज़िम्मेदारियों के लिए।

स्थिरता के लिए।

उन्होंने खुद को रोके रखा, ताकि दूसरे आगे बढ़ सकें।

उन्होंने अपने हिस्से का बोझ बढ़ाया, ताकि दूसरों का कम हो सके।

और इसके लिए मैं उनका सम्मान करता हूँ।

लेकिन उसी दौरान मैंने अपने आप से एक वादा भी किया।

मैं उनकी ज़िंदगी को दोहराना नहीं चाहता था।

इसलिए नहीं कि उनके त्याग की कोई कीमत नहीं थी।

बल्कि इसलिए कि मैं कुछ अलग बनाना चाहता था।

मैं पूरी ज़िंदगी सिर्फ़ दुकान के काउंटर के पीछे खड़े होकर नहीं बिताना चाहता था।

मैं पढ़ना चाहता था।

कुछ अपना बनाना चाहता था।

सिर्फ़ ज़िम्मेदारियाँ निभाना नहीं, कुछ हासिल भी करना चाहता था।

और शायद वहीं से मेरे और मेरी किस्मत के बीच एक नई बातचीत शुरू हुई।

फिर **Soni Uncle** थे।

उनके स्नेह पर मुझे कभी संदेह नहीं हुआ।

वह सच में हमारी चिंता करते थे।

हमारा ख्याल रखते थे।

रास्ता दिखाने की कोशिश करते थे।

लेकिन कई बार चिंता के साथ एक और चीज़ भी आती है।

नियंत्रण।

Police की नौकरी ने उनके व्यक्तित्व को बहुत प्रभावित किया था।

उनकी सुरक्षा में नियम शामिल होते थे।

उनकी सलाह में निर्देश।

उनकी चिंता में निगरानी।

धीरे-धीरे मैंने समझा कि साथ और नियंत्रण एक जैसी चीज़ें नहीं हैं।

हमें साथ चाहिए था।

सीखने की जगह।

गलतियाँ करने की जगह।

अपने फैसले लेने की जगह।

मज़बूत बनने की जगह।

बड़े होने का एक हिस्सा यह भी है कि आप सीमाएँ तय करना सीखें।

बिना उन लोगों को ठुकराए, जो आपसे प्रेम करते हैं।

फिर **Bua** थीं।

और उनके साथ जुड़ी कहानी अपने आप में अलग थी।

उन्होंने हमारे घर में लगभग चौबीस साल बिताए थे।

Dada उन्हें वर्षों पहले ससुराल से वापस लाए थे।

उनका घर में रहना कभी समस्या नहीं था।

समस्या वहाँ से शुरू हुई, जहाँ ज़िम्मेदारी और भागीदारी की बात आती है।

Papa के जाने के बाद हमारे घर को सबसे ज़्यादा ज़रूरत थी शांति की।

लेकिन घर में तनाव बना रहा।

झगड़े।

ऊँची आवाज़ें।

घरेलू बातें बाहर तक पहुँचना।

ऐसी बातें, जो घर की चारदीवारी में रहनी चाहिए थीं।

हम सम्मान चाहते थे।

निजता चाहते थे।

थोड़ा सुकून चाहते थे।

लेकिन वह सुकून बार-बार टूट जाता था।

यह नई बात भी नहीं थी।

Dada के जाने के बाद **Papa** एक बार उन्हें घर छोड़ने के लिए कह चुके थे।

Papa के जाने के बाद मैंने भी एक सीमा तय की।

मैंने साफ़ कहा कि **Nidhi Di** की शादी के बाद यह व्यवस्था हमेशा के लिए नहीं चल सकती।

लेकिन यह कहते समय भी अपराधबोध था।

क्योंकि हर बार एक सवाल सामने खड़ा हो जाता था।

वह जाएँगी कहाँ?

उनकी ज़िम्मेदारी कौन लेगा?

कई बार दृढ़ता और दया एक ही फैसले के भीतर मौजूद होती हैं।

फिर **Nidhi Di** थीं।

वर्षों में कई बार मैंने ऐसी बातें देखीं, जिन्होंने मुझे चिंतित किया।

जब मैंने अपनी चिंता व्यक्त की, तो उसका स्वागत नहीं हुआ।

मेरी नीयत पर सवाल उठे।

मेरे चरित्र पर सवाल उठे।

और धीरे-धीरे मैंने खुद को उन मामलों से दूर कर लिया।

क्योंकि कई लोग सलाह तभी चाहते हैं, जब वह उनकी पसंद की हो।

समय बीतता गया।

शादी की बातें शुरू हुईं।

मदद के लिए रिश्तेदारों से संपर्क किया गया।

लेकिन बातों से आगे बहुत कम चीज़ें बढ़ीं।

बाद में **Nidhi Di** को स्कूल में नौकरी मिली।

मुझे उम्मीद हुई।

शायद अब कुछ ज़िम्मेदारियाँ साझा होंगी।

और तब मैंने एक और बात सीखी।

परवाह शब्दों से नहीं मापी जाती।

परवाह कर्मों से मापी जाती है।

कोई भी कह सकता है कि उसे चिंता है।

लेकिन बहुत कम लोग उसे लगातार साबित करते हैं।

फिर मेरी दोनों बहनें थीं।

Neha Di और **Anchal Di**।

दो लोग, जिन्होंने मुश्किल समय में भी मुझे उम्मीद दी।

Neha Di हमेशा बड़े सपने देखती थीं।

और उन सपनों के लिए मेहनत भी उतनी ही बड़ी करती थीं।

Charlotte, USA तक पहुँचना।

Scholarship हासिल करना।

अपने दम पर अवसर बनाना।

यह सब आसान नहीं था।

मुझे आज भी याद है, जब उन्होंने **Papa** को बताया था कि वह विदेश जा रही हैं।

Papa की आँखों में जो गर्व था, उसे शब्दों में लिखना मुश्किल है।

वह अपनी भावनाएँ खुलकर नहीं दिखाते थे।

लेकिन उस दिन उनकी खुशी छिप नहीं रही थी।

कई बार मैं सोचता हूँ—

अगर वह आज होते, तो कितने गर्व से मुस्कुराते।

Neha Di हमेशा **Papa** के सबसे करीब थीं।

और शायद इसी वजह से उनकी कमी उन्हें उस तरह महसूस होती होगी, जिसे मैं पूरी तरह समझ भी नहीं सकता।

जब वह लगभग एक साल बाद घर लौटीं, तो घर बदल गया।

हँसी लौट आई।

रौनक लौट आई।

जीवन लौट आया।

फिर वह वापस चली गईं।

और घर एक बार फिर खाली लगने लगा।

Anchal Di की कहानी भी प्रेरणा से भरी थी।

BHU में **M.Com**।

फिर **JRF**।

फिर **IIT Roorkee**।

उनकी सफलता मुझे गर्व देती थी।

लेकिन उसके साथ एक उम्मीद भी जुड़ी थी।

शायद एक दिन, जब दोनों आर्थिक रूप से मज़बूत हो जाएँगी, तब परिवार का बोझ थोड़ा साझा हो जाएगा।

शायद दुकान सिर्फ़ मुझ पर निर्भर नहीं रहेगी।

शायद मैं भी अपने सपनों को पूरा समय दे पाऊँगा।

यह स्वार्थ नहीं था।

बस उम्मीद थी।

उम्मीद कि एक दिन ज़िम्मेदारी साझा होगी।

अकेले नहीं उठानी पड़ेगी।

धीरे-धीरे बहनें भी अपने रास्तों पर आगे बढ़ गईं।

और दुकान ने मुझे और अधिक बाँधना शुरू कर दिया।

अब बाहर जाना आसान नहीं था।

अगर मैं जाता, तो दुकान बंद करनी पड़ती।

हर घंटे की कीमत थी।

हर दिन की कीमत थी।

पढ़ाई कठिन होती जा रही थी।

खाली समय दुर्लभ हो गया था।

आराम भी योजना बनाकर करना पड़ता था।

ज़िम्मेदारी आपकी पूरी ज़िंदगी को चुपचाप बदल देती है।

और वही मेरे साथ हो रहा था।

दिन भर मैं दुकान के काउंटर के पीछे खड़ा रहता।

उसी सड़क को देखता।

उन्हीं ग्राहकों से मिलता।

उन्हीं ज़िम्मेदारियों को निभाता।

लेकिन भीतर कहीं एक आवाज़ अब भी मौजूद थी।

पढ़ो।

आगे बढ़ो।

कुछ बड़ा करो।

अपना भविष्य खुद बनाओ।

कई बार महत्वाकांक्षा फुसफुसाती थी।

लेकिन थकान उससे ज़्यादा तेज़ बोलती थी।

घर खाली हो चुका था।

भविष्य भारी लगने लगा था।

और तब मुझे समझ आया कि अब मैं सिर्फ़ दुःख नहीं उठा रहा था।

अब मेरे कंधों पर ज़िम्मेदारी भी थी।

उम्मीदें भी थीं।

परिवार भी था।

सपने भी थे।

और वह कठिन सवाल भी—

आख़िर मैं अपने भविष्य के किस रूप के लिए लड़ने को तैयार हूँ?

उस सवाल का जवाब अभी मेरे पास नहीं था।

लेकिन इतना ज़रूर जानता था—

आगे का रास्ता संकरा होता जा रहा था।

और अब हर फैसला तय करने वाला था कि मैं पूरी ज़िंदगी उसी काउंटर के पीछे खड़ा रह जाऊँगा...

या एक दिन उसके पार निकलने का रास्ता खोज लूँगा।

अध्याय 14

वह लड़की जिसने मुझे टूटने नहीं दिया

अगर आप इस पुस्तक का दूसरा भाग पहले पढ़ रहे हैं, तो अभी आप Mini को ठीक से नहीं जानते।

उसकी कहानी इस किताब के शुरुआती अध्यायों में बसती है—जहाँ सब कुछ कहीं ज़्यादा सरल था।

School bus की यात्राएँ।
हाथ से लिखे गए पत्र।
चोरी-छिपे हुई मुलाकातें।
भविष्य के सपने।
और दो ऐसे किशोर, जो धीरे-धीरे अपनी एक अलग दुनिया बना रहे थे।

आप उससे वहाँ मिलेंगे।

फिलहाल आपको सिर्फ़ एक बात जाननी चाहिए—

हम एक-दूसरे से बेहद गहरा प्रेम करते थे।

जब इस अध्याय की शुरुआत होती है, तब तक हम सात साल साथ बिता चुके थे।

सात साल की यादें।
सात साल के वादे।
सात साल के झगड़े।
सात साल के त्याग।
सात साल के सपने।
और सात साल की ऐसी यात्रा, जिसने हम दोनों को बदल दिया था।

हमने बहुत कुछ साथ झेला था।

परिवार का विरोध।
बीमारी।
दूरी।
गलतफहमियाँ।
पाबंदियाँ।
भावनात्मक तूफ़ान।

ऐसी कई परिस्थितियाँ, जो किसी भी रिश्ते को खत्म कर सकती थीं।

लेकिन हर बार हम वापस एक-दूसरे तक पहुँच जाते थे।

शायद इसी वजह से मुझे यकीन हो गया था कि हमारा रिश्ता अटूट है।

मुझे यह नहीं पता था कि दुःख सबसे मज़बूत रिश्तों को भी बदल देने की ताकत रखता है।

Papa के जाने वाले दिन Mini का एग्जाम था।

आज भी मुझे वह एम्बुलेंस याद है।

मैं Papa का हाथ पकड़े बैठा था।

हम **Ballia की तरफ़** जा रहे थे।

मैं प्रार्थना कर रहा था।

उम्मीद कर रहा था।

खुद को समझा रहा था कि सब ठीक हो जाएगा।

लेकिन Sukhpura के पास अचानक मुझे महसूस हुआ कि उनके हाथ की पकड़ ढीली पड़ गई है।

धीरे-धीरे वह हाथ बिल्कुल स्थिर हो गया।

उस पल को शब्दों में लिखना असंभव है।

जैसे समय रुक गया हो।

जैसे दिमाग काम करना बंद कर दे।

जैसे पूरी दुनिया अचानक बहुत दूर चली जाए।

वापसी का सफर मेरी ज़िंदगी के सबसे अकेले सफरों में से एक था।

मैं Papa के पार्थिव शरीर के पास बैठा घर लौट रहा था।

न आँसू निकल रहे थे।

न कोई विचार आ रहे थे।

बस एक खालीपन था।

एक ऐसा खालीपन, जिसे मैं समझ भी नहीं पा रहा था।

जब Mini का एग्जाम खत्म हुआ, तब मैंने उसे सब बताया।

आज भी मुझे अपनी आवाज़ याद है।

अजीब तरह से शांत।

जैसे वह खबर मेरी नहीं, किसी और की हो।

उसने घबराहट नहीं दिखाई।

उसने सवालों की बौछार नहीं की।

उसने सिर्फ़ सुना।

और फिर वह मुझसे मिलने आने की तैयारी करने लगी।

जोखिम उठाकर।

उस समय उसके भाई को हमारे रिश्ते के बारे में नहीं पता था।

अगर पता चल जाता, तो बहुत समस्याएँ खड़ी हो सकती थीं।

लेकिन उसने इसके बारे में नहीं सोचा।

वह बस आना चाहती थी।

और उस समय, जब मुझे लग रहा था कि मेरी दुनिया बिखर गई है—

वह वही इंसान थी, जो उन बिखरे हुए टुकड़ों को समेट रही थी।

मैं ठीक से रो भी नहीं पा रहा था।

दुःख मेरे भीतर कहीं जम गया था।

ऐसे दिनों में Mini मेरा सहारा बन गई।

जब चुप्पी असहनीय हो जाती, वह मेरे पास बैठती।

जब खाने का मन नहीं करता, वह मुझे खाने के लिए कहती।

जब दिमाग बिखर जाता, वह मेरी बातें सुनती।

जब **ज़िम्मेदारियाँ** डराने लगतीं, वह मुझे संभालती।

जब मैंने दुकान संभालना शुरू किया और हर दिन एक नई चुनौती बन गया, तब भी वह वहीं थी।

आज पीछे मुड़कर देखता हूँ तो समझ आता है—

उसने मेरे दुःख का जितना बोझ उठाया, उतना शायद उसे कभी उठाना ही नहीं चाहिए था।

लेकिन उसने उठाया।

बिना शिकायत के।

धीरे-धीरे महीने बीतते गए।

और मैं बदलने लगा।

दुकान का दबाव।

घर की **ज़िम्मेदारियाँ**।

आर्थिक चिंताएँ।

Papa की कमी।

इन सबने मिलकर मुझे ऐसा बना दिया, जिसे मैं खुद भी पहचान नहीं पा रहा था।

समस्या यह थी कि मैं इन संघर्षों से Mini को बचा नहीं पाया।

बल्कि उन्हें हमारे रिश्ते के भीतर ले आया।

मैं चिड़चिड़ा हो गया।

कभी-कभी कठोर भी।

छोटी-छोटी बातों पर बहस करने लगा।

एक जगह का तनाव दूसरी जगह निकालने लगा।

और सबसे दुखद बात यह थी—

मुझे इसका एहसास भी नहीं था।

Mini सब सहती रही।

शांत रहकर।

धैर्य के साथ।

वह सुनती रही।

समझती रही।

साथ खड़ी रही।

लेकिन कोई भी इंसान हमेशा किसी और का पूरा भावनात्मक बोझ नहीं उठा सकता।

चाहे प्रेम कितना भी गहरा क्यों न हो।

हर दिल की अपनी सीमा होती है।

और सच यह है कि उस समय मैं चाहता था कि वह मेरी थकान समझे—

लेकिन मैं उसकी थकान को देख ही नहीं पा रहा था।

उसी दौरान परिवार में भी कई बदलाव हो रहे थे।

पुराने रिश्ते नए रूप लेने लगे थे।

January से March के बीच Jiten Uncle ने कई **ज़िम्मेदारियाँ** संभालीं।

Ashwani Uncle ने भी मुश्किल समय में हमारा साथ दिया।

उनकी मदद ने हमारे परिवार को संभाले रखा।

एक Pandit Ji से मिले।

उन्होंने Papa की आत्मिक शांति के लिए Nashik, Gaya और Badrinath में कुछ अनुष्ठान करने की सलाह दी।

जब हमने उन यात्राओं की योजना बनाई, तो soni Uncle को बुरा लगा होगा कि हमने पहले उन्हें नहीं बताया।

मैं उनकी भावना समझता था।

लेकिन मम्मी और मैं भी कुछ महसूस कर रहे थे।

Papa के जाने के बाद पहली बार मम्मी घर की मुखिया बनी थीं।

और शायद पहली बार वह हर फैसले के लिए किसी और की अनुमति नहीं चाहती थीं क्योंकि उन्होंने कभी पापा से अनुमति मांगा नहीं होगा बस बताया होगा ।

उधर मेरे और Mini के बीच भी धीरे-धीरे दूरी बढ़ रही थी।

कोई बड़ा कारण नहीं था।

बस छोटे-छोटे पल थे।

वह पूछती—

"खाना खाया?"

"नहाए?"

"दवाई ली?"

"ठीक से सो रहे हो?"

ये साधारण सवाल नहीं थे।

ये उसके प्यार का तरीका थे।

लेकिन मैं उन्हें समझ नहीं पाया।

कई बार छोटे जवाब देता।

कई बार बात टाल देता।

कई बार कॉल नहीं उठाता।

कई बार उसकी बातों को महत्वहीन समझ लेता।

एक छोटी-सी घटना आज भी मुझे सब समझा देती है।

एक बार Mini ने मुझसे कहा कि उसके लिए एक sandal चुनने में मदद कर दूँ।

काम मुश्किल नहीं था।

बस कुछ मिनट लगने थे।

लेकिन मैं बार-बार टालता रहा।

"बाद में देखूँगा।"

"तुम खुद देख लो।"

"अभी टाइम नहीं है।"

मुझे लगा मामला sandal का है।

असल में मामला sandal का नहीं था।

मामला मेरी मौजूदगी का था।

वह चाहती थी कि मैं उसकी ज़िंदगी में शामिल रहूँ।

और मैं यह समझ ही नहीं पाया।

धीरे-धीरे उसकी थकान सामने आने लगी।

एक रात उसने खुलकर कहा कि वह कम बोलने लगी है क्योंकि उसे डर लगता है कि कहीं मुझे परेशान न कर दे।

फिर उसने अपने दिल की बातें बताईं।

उसने कहा कि उसे मेरी कमी महसूस होती है।

उसने कहा कि वह मुझसे प्यार करती है।

उसने कहा कि वह भी टूट रही है।

उसने अपने घर की बातें बताईं।

अपने अकेलेपन की बातें।

अपने पिता की कमी।

अकेले खाना खाने की आदत।

उन **ज़िम्मेदारियों** की बात, जिन्हें वह चुपचाप ढो रही थी।

उसे सुनते हुए मुझे पहली बार एहसास हुआ—

मैं अकेला दुखी नहीं था।

वह भी थी।

और शायद उतनी ही थी।

Mini का प्यार शब्दों में कम दिखाई देता था।

उसका प्यार उसके कर्मों में दिखाई देता था।

उसकी निष्ठा में।

उसके प्रयासों में।

उसके लौट आने में।

उसके रुक जाने में, जब जाना आसान होता।

लेकिन जब तक मैं उसकी थकान समझ पाया—

हमारे बीच की दूरी काफी बढ़ चुकी थी।

एक शाम सब कुछ फट पड़ा।

वह अपनी एक दोस्त के साथ बाहर गई थी।

सामान्य परिस्थितियों में यह कोई मुद्दा नहीं होता।

लेकिन तब तक मेरा दुःख असुरक्षा में बदल चुका था।

छोटी बातें बड़ी लगने लगी थीं।

छोटे डर बहसों में बदल जाते थे।

बात बढ़ती गई।

और फिर हम उन विषयों पर लड़ने लगे जिनका मूल विवाद से कोई संबंध ही नहीं था।

परिवार।

शादी।

त्याग।

ज़िम्मेदारियाँ।

डर।

उम्मीदें।

दर्द।

सब एक साथ बाहर आने लगा।

और फिर मैंने कुछ ऐसी बातें कह दीं, जिन पर आज भी पछतावा है।

गुस्से में कही गई बातें।

दर्द में कही गई बातें।

ऐसी बातें जिन्हें कहने वाला इंसान मैं नहीं बनना चाहता था।

मैंने बाद में माफी माँगी।

बार-बार माँगी।

दिल से माँगी।

लेकिन कुछ शब्द माफी के बाद भी घाव छोड़ जाते हैं।

उसके लिए यह उसके परिवार का अपमान था।

मेरे लिए यह वर्षों के दबाव का विस्फोट था।

न वह खुद को समझा हुआ महसूस कर रही थी।

न मैं।

पहली बार प्रेम भारी लगने लगा।

इसलिए नहीं कि प्रेम खत्म हो गया था।

इसलिए कि उसके चारों ओर का दर्द बहुत बड़ा हो चुका था।

दिसंबर 2025 तक भावनाएँ शब्दों से भी भारी हो चुकी थीं।

फिर 16 दिसंबर को एक और बड़ी बहस हुई।

हम पहले भी झगड़े थे।

लेकिन इस बार कुछ अलग था।

मुद्दा बड़ा नहीं था।

थकान बड़ी थी।

और उसी भावनात्मक तूफान के बीच Mini ने मुझे हर जगह से Block कर दिया।

उसके बाद जो खामोशी आई, वह असहनीय थी।

हमारा रिश्ता हमेशा बातचीत से बचता रहा था।

अब बातचीत ही नहीं बची थी।

उस रात मैं अकेला बैठा और उसे एक पत्र लिखा।

किसी बहस को जीतने के लिए नहीं।

किसी को गलत साबित करने के लिए नहीं।

बस इसलिए कि मेरे दिल में बहुत कुछ था जो अब अंदर नहीं रह पा रहा था।

वह पत्र मेरी सच्चाई बन गया।

उसने सब ठीक नहीं किया।

दूरी बनी रही।

दर्द बना रहा।

सवाल बने रहे।

लेकिन मेरे भीतर कुछ बदल गया।

पहली बार मैंने स्वीकार किया—

सिर्फ प्रेम हमेशा पर्याप्त नहीं होता।

जब संवाद टूट जाए।

जब आभार गायब हो जाए।

जब घावों का इलाज न हो।

जब कोई एक इंसान अपनी क्षमता से ज़्यादा बोझ उठाने लगे।

फिर भी...

हमने एक बार फिर कोशिश की।

मिले।

बात की।

समझने की कोशिश की।

जैसा हम हमेशा करते आए थे।

लेकिन कुछ घाव पूरी तरह नहीं भरते।

वे सतह के नीचे चुपचाप इंतज़ार करते रहते हैं।

और फिर लौट आते हैं।

6 जनवरी 2026 को ऐसा ही हुआ।

तब तक Mini ने दूरी बनानी शुरू कर दी थी।

कुछ घंटों की नहीं।

कुछ दिनों की नहीं।

पूरे आठ दिनों की।

उन आठ दिनों ने मुझे अपने बारे में एक सच्चाई दिखा दी।

पहली बार मुझे उसे खोने का डर नहीं लगा।

मुझे खुद से डर लगा।

उस इंसान से, जिसमें मैं बदल चुका था।

तब मुझे समझ आया—

जो लोग हमारे सबसे अंधेरे समय में हमारे साथ खड़े रहते हैं, उन्हें भी रोशनी चाहिए होती है।

उन्हें भी धैर्य चाहिए होता है।

उन्हें भी समझ चाहिए होती है।

उन्हें भी प्यार चाहिए होता है।

और बिना जाने मैंने बहुत लंबे समय तक Mini से अपनी अंधेरी दुनिया का बोझ उठवाया था।

हमारे साथ आगे क्या हुआ—

वह किसी और अध्याय की कहानी है।

लेकिन तब तक एक सच्चाई पूरी तरह स्पष्ट हो चुकी थी।

प्रेम खत्म नहीं हुआ था।

प्रेम सिर्फ़ बहुत भारी हो गया था।

अध्याय 15

वह इंसान जिसे बनने का मैंने कभी सोचा नहीं था

कई अध्यायों तक मैंने लोगों के बारे में लिखा।

उन घटनाओं के बारे में लिखा जिन्होंने मेरी ज़िंदगी बदल दी।

उन रिश्तों के बारे में लिखा जिन्होंने मुझे बनाया।

उन नुकसानों के बारे में लिखा जिन्होंने मुझे तोड़ा।

लेकिन इस बार मैं किसी और के बारे में नहीं लिखना चाहता।

इस बार बात मेरी है।

घटनाओं की नहीं।

लोगों की नहीं।

नुकसानों की नहीं।

मेरी।

मैं कौन हूँ।

मैं ऐसा क्यों हूँ।

और आखिर यह किताब लिखने की ज़रूरत मुझे क्यों महसूस हुई।

जब मैंने Part One लिखा था, तब मैंने अपनी ज़िंदगी की कहानी वैसी लिखी थी जैसी वह घटी थी।

बचपन।

परिवार।

दोस्ती।

पहला प्यार।

टूटे हुए सपने।

गलतियाँ।

और वे लोग जिन्होंने मुझे आकार दिया।

उस कहानी का अंत मैंने Papa की मृत्यु पर किया था।

क्योंकि सच कहूँ तो वह सचमुच एक अंत था।

उस दिन के बाद जो कुछ भी हुआ, वह उसी जीवन का विस्तार नहीं था।

वह एक नई ज़िंदगी थी।

Part Two वास्तव में नुकसान की कहानी नहीं है।

यह उस इंसान की कहानी है जो नुकसान के बाद पैदा होता है।

उस **ज़िम्मेदारी** की कहानी है जो बिना बुलाए दरवाज़े पर आ खड़ी होती है।

उन डर की कहानी है जो धीरे-धीरे मन में घर बना लेते हैं।

उन आदतों की कहानी है जो हमारे पुराने स्वरूप को बदल देती हैं।

और उस सच्चाई की कहानी है कि दुःख सिर्फ़ कुछ छीनता नहीं।

कई बार वह आपको बदल भी देता है।

जहाँ तक मुझे याद है, मैं हमेशा IAS Officer बनना चाहता था।

यह सपना आज भी ज़िंदा है।

मरा नहीं है।

बस कई बार **ज़िम्मेदारियों** और परिस्थितियों की धूल के नीचे दब जाता है।

कुछ दिनों में मुझे लगता है कि **ज़िंदगी** बहुत छोटी है।

मौत बिना किसी चेतावनी के आ सकती है।

तो फिर इंसान को जो थोड़ी-बहुत खुशी मिले, उसे जी लेना चाहिए।

लेकिन उन विचारों के नीचे एक और सच्चाई रहती है।

एक भारी सच्चाई।

मेरे सीने में एक बोझ है जिसे मैं हमेशा समझ नहीं पाता।

कई बार मुझे नहीं पता होता कि उसे किससे कहूँ।

कई बार मुझे नहीं पता होता कि उसे शब्दों में कैसे बदलूँ।

और कई बार मुझे यह भी नहीं पता होता कि वह बोझ आता कहाँ से है।

लंबे समय तक यही उलझन मेरे और Mini के रिश्ते में भी घुसती रही।

हमारे बहुत से झगड़े वास्तव में उन मुद्दों पर नहीं होते थे जिन पर हम लड़ते थे।

वे उन सवालों पर होते थे जिनके जवाब मुझे खुद अपने अंदर नहीं मिल रहे थे।

मैं बार-बार वही गलतियाँ दोहराता रहा।

समस्याओं को सुलझाने के बजाय टालता रहा।

मैं उसे अपने पास रखना चाहता था।

लेकिन किसी को अपने पास रखना और उसे अपने पास सुरक्षित महसूस करवाना दो अलग बातें हैं।

यह सबक मुझे बहुत देर से समझ आया।

Papa के जाने के बाद **ज़िंदगी** ने मुझे सोचने का समय ही नहीं दिया।

दुकान आ गई।

खर्चे आ गए।

ज़िम्मेदारियाँ आ गईं।

उम्मीदें आ गईं।

और दूसरों को संभालते-संभालते मैं खुद को संभालना भूल गया।

धीरे-धीरे वह Anurag गायब होने लगा जिसे मैं जानता था।

जो लड़का गालियाँ पसंद नहीं करता था, वही गालियाँ देने लगा।

मैं यह बात गर्व से नहीं लिख रहा।

मैं इसे पछतावे के साथ लिख रहा हूँ।

क्योंकि उन चीज़ों ने मुझे मज़बूत नहीं बनाया।

उन्होंने मुझे सिर्फ़ कठोर बनाया।

और कठोर होना, मज़बूत होना नहीं होता।

सच तो यह है कि Mini धैर्य की हकदार थी।

समझ की हकदार थी।

नरमी की हकदार थी।

लेकिन उसे कई बार एक ऐसे इंसान का गुस्सा मिला जो खुद को ही नहीं समझ पा रहा था।

और इसके बावजूद वह जितना रुकी, शायद उससे कम समय में कोई और चला जाता।

यह सोच आज भी मुझे दर्द देती है।

पढ़ाई के मामले में मैं कभी कमजोर छात्र नहीं था।

मुझे सीखना पसंद था।

मुझे कठिन चीज़ों को समझना अच्छा लगता था।

लेकिन जब मैंने दुकान को पूरी तरह संभालना शुरू किया, सब बदल गया।

सुबह से रात तक दिमाग व्यस्त रहने लगा।

Customers

Suppliers

Payments

Inventory

घर के खर्चे।

नई समस्याएँ।

नई ज़िम्मेदारियाँ।

और जब रात होती, तब तक मानसिक ऊर्जा खत्म हो चुकी होती।

लोग अक्सर आसान सलाह देते हैं।

सुबह पढ़ लो।

रात में पढ़ लो।

दोनों संभाल लो।

Balance बना लो।

लेकिन वे सिर्फ़ टाइमटेबल देखते हैं।

दिमाग नहीं।

मानसिक थकान सिर्फ़ Discipline से नहीं जीतती।

कुछ दिन शरीर थकता है।

कुछ दिन विचार।

और विचारों को नियंत्रित करना शरीर से कहीं कठिन होता है।

फिर धीरे-धीरे नींद भी दुश्मन बन गई।

Mini दूर होती जा रही थी।

ज़िंदगी जटिल होती जा रही थी।

और मेरी रातें लंबी होती जा रही थीं।

कई बार सुबह के तीन या चार बज जाते।

मैं बिस्तर पर लेटा रहता।

आँखें बंद करता।

लेकिन दिमाग नहीं रुकता।

Papa

दुकान।

पढ़ाई।

भविष्य।

Mini

गलतियाँ।

ज़िम्मेदारियाँ।

हर चीज़ एक साथ।

और अंत में शांति नहीं, थकान मुझे सुलाती।

कुछ पल ऐसे भी आए जब सब कुछ बहुत भारी लगने लगा।

इसलिए नहीं कि मैं हार मानना चाहता था।

इसलिए नहीं कि मैं गायब हो जाना चाहता था।

बस इसलिए कि मैं चाहता था कि दर्द कुछ देर के लिए रुक जाए।

कई बार इच्छा होती कि Papa वापस आ जाएँ।

बस एक दिन के लिए।

एक बातचीत के लिए।

एक सलाह के लिए।

कई बार उनकी याद अचानक आँखों में आँसू ले आती।

और यही बात Mini के लिए भी सच थी।

यादें अभी भी ज़िंदा थीं।

अनुपस्थिति भी।

और कई दिनों में दोनों बराबर दर्द देती थीं।

आज भी मैं इंतज़ार कर रहा हूँ।

Di के Career के स्थिर होने का।

ज़िम्मेदारियों के हल्का होने का।

पढ़ाई में पूरी तरह लौटने का।

शायद यही मेरी सबसे बड़ी कमजोरी है।

मैं परिस्थितियों से अनुमति मिलने का इंतज़ार करता हूँ।

हिम्मत जुटाकर फैसला लेने के बजाय।

एक बार मैंने मम्मी से कहा भी था कि दुकान बंद करके पूरी तरह तैयारी करना चाहता हूँ।

भविष्य क्या होगा, यह अभी तय नहीं है।

लेकिन इतना तय है कि सपना अभी भी ज़िंदा है।

शांत।

धैर्यवान।

लेकिन ज़िंदा।

मैंने अपनी गलतियाँ भी की हैं।

आर्थिक गलतियाँ।

भावनात्मक गलतियाँ।

व्यावहारिक गलतियाँ।

EMI पर ऐसी चीज़ें ले लीं जिनकी वास्तविक ज़रूरत नहीं थी।

TV।

Oven।

और कई छोटी-बड़ी चीज़ें।

आज सोचता हूँ शायद मैं खुद को व्यस्त रखना चाहता था।

खामोशी से भागना चाहता था।

यादों से भागना चाहता था।

दुःख से भागना चाहता था।

क्योंकि खामोशी खतरनाक हो चुकी थी।

जैसे ही मैं अकेला बैठता—

यादें लौट आतीं।

सवाल लौट आते।

और कई बार आँसू भी।

शायद यही वजह है कि यह किताब लिखी गई।

सहानुभूति पाने के लिए नहीं।

अपनी गलतियों को सही साबित करने के लिए नहीं।

बल्कि खुद को समझने के लिए।

लिखना मेरे लिए एक आईना बन गया।

जहाँ मैं उन सच्चाइयों को देख सकता हूँ जिन्हें बोलना मुश्किल है।

अगर मैं खुद को समझ पाऊँ—

तो शायद बेहतर इंसान बन सकूँ।

Perfect नहीं।

बस बेहतर।

ऐसा इंसान जो अपनी कमियों से भागे नहीं।

उनका सामना करे।

लेकिन ज़िंदगी अभी खत्म नहीं हुई थी।

उसकी परीक्षाएँ भी नहीं।

जब मैंने दुकान छोड़कर पढ़ाई पर ध्यान देने की बात की, तो बाद में मम्मी ने यह बात Soni Uncle को बता दी।

फिर वही हुआ जो अक्सर होता है।

उलझनें।

बहसें।

गलतफहमियाँ।

हर किसी के पास राय थी।

लेकिन बहुत कम लोगों को यह समझ था कि मैं महसूस क्या कर रहा हूँ।

और तभी एक नई मुसीबत आ गई।

मुझ पर चोरी के सामान से जुड़े एक मामले में झूठा संदेह किया गया।

Police दुकान पर आने लगी।

सवाल पूछे जाने लगे।

लोग मुझे अलग नज़रों से देखने लगे।

जैसे शक ही सबूत हो।

मुझे बार-बार थाने बुलाया गया।

उन चीज़ों के बारे में जवाब देने के लिए जिनके बारे में मुझे कुछ पता नहीं था।

यह डरावना था।

लेकिन उससे ज़्यादा अपमानजनक।

क्योंकि जब आप पहले से टूटे हुए हों और दुनिया आप पर शक करे—

तो वह दर्द अलग होता है।

धीरे-धीरे मैं और बेचैन होता गया।

और चुप।

कई बार Bike ज़रूरत से तेज़ चलाता।

कई बार लोगों से बचता।

और कई बार खुद से भी।

अकेलापन अब अनदेखा नहीं किया जा सकता था।

सालों तक Mini वह इंसान थी जिसे मुझे समझने के लिए लंबी व्याख्याओं की ज़रूरत नहीं पड़ती थी।

अब वही रिश्ता भी कमज़ोर हो चुका था।

और उस सहारे का टूटना उम्मीद से कहीं ज़्यादा दर्दनाक था।

कई दिनों में मुझे अपनी ही ज़िंदगी एक पिंजरे जैसी लगती थी।

हर दिन वही चिंताएँ।

वही ज़िम्मेदारियाँ।

वही संघर्ष।

मैं भागना नहीं चाहता था।

मैं सिर्फ़ शांति चाहता था।

एक शांत दिमाग।

एक स्थिर दिल।

कुछ पल का आराम।

लेकिन सारी थकान के बावजूद मेरे भीतर एक चीज़ अब भी ज़िंदा थी।

ज़िद।

हार न मानने की ज़िद।

चाहे ज़िंदगी जितनी कठिन हो जाए।

अंदर से एक आवाज़ हमेशा कहती रही—

चलते रहो।

लड़ते रहो।

रुकना मत।

क्योंकि अगर ज़िंदगी मुझे परखने पर अड़ी है—

तो मैं भी उसके इम्तिहान से गुज़रने पर अड़ा हूँ।

मुझे नहीं पता यह रास्ता कहाँ जाता है।

क्या ठीक होगा।

क्या टूटेगा।

कौन-से सपने बचेंगे।

कौन-से खो जाएँगे।

लेकिन इतना जानता हूँ—

कहानी अभी खत्म नहीं हुई है।

यह अध्याय निष्कर्ष नहीं है।

यह स्वीकारोक्ति है।

उस इंसान की, जिसमें मैं धीरे-धीरे बदल गया।

एक ऐसा युवक—

जो दुःख लेकर चल रहा है।

ज़िम्मेदारियाँ लेकर चल रहा है।

गलतियाँ लेकर चल रहा है।

उम्मीद लेकर चल रहा है।

और अब भी उस संतुलन को खोज रहा है—

जिसके एक तरफ वह ज़िंदगी है जो उसे विरासत में मिली।

और दूसरी तरफ वह ज़िंदगी है जिसे वह अपने लिए बनाना चाहता है।

क्योंकि सच यही है—

मैं अभी भी बन रहा हूँ।

अभी भी सीख रहा हूँ।

अभी भी गिर रहा हूँ।

अभी भी उठ रहा हूँ।

और आने वाले अध्याय तय करेंगे—

कि इस सबके बाद मैं कैसा इंसान बनकर उभरता हूँ।

अध्याय 16

धीरे-धीरे बिखरती हुई ज़िंदगी

मुझे नहीं पता कि मेरी ज़िंदगी कब कहानी जैसी लगना बंद हुई और डायरी जैसी लगने लगी।

कोई बड़ा मोड़ नहीं आया था।

कोई ऐसा दिन नहीं था जिसने घोषणा की हो कि अब एक नया अध्याय शुरू हो चुका है।

ज़िंदगी बस धीरे-धीरे बदलती गई।

एक साधारण दिन के बाद दूसरा साधारण दिन।

ऐसे छोटे-छोटे पल जो बाहर से महत्वहीन दिखाई देते थे, लेकिन भीतर बहुत कुछ बदल रहे थे।

यह अध्याय अंत की कहानी नहीं है।

यह उस समय की कहानी है जो अंत से ठीक पहले आता है।

वह समय जब कुछ इतना टूटा हुआ नहीं होता कि उसे छोड़ दिया जाए।

लेकिन इतना ठीक भी नहीं होता कि उसके भीतर सुकून से रहा जा सके।

Papa के जाने के बाद मैं अक्सर उसी जगह पर जी रहा था।

एक ऐसी जगह जहाँ जीवन आगे बढ़ रहा था—

लेकिन मैं नहीं।

दुकान चल रही थी।

घर चल रहा था।

ज़िम्मेदारियाँ चल रही थीं।

समय चल रहा था।

लेकिन भावनात्मक रूप से मैं जैसे एक ही जगह खड़ा रह गया था।

उसी दौरान Mini के साथ मेरी बातचीत भी बदल चुकी थी।

हम अब पहले की तरह बात नहीं करते थे।

रात भर चलने वाली बातें खत्म हो चुकी थीं।

वह सहज निकटता खत्म हो चुकी थी।

सुकून शायद अब भी कहीं मौजूद था।

लेकिन वहाँ तक पहुँचने का रास्ता पहले से कहीं ज़्यादा कठिन हो गया था।

कई बार हम केवल Game खेलते हुए बात करते।

कई बार दूसरे लोगों के साथ Group Call में जुड़े रहते।

कई बार हम दोनों सामान्य होने का अभिनय करते।

क्योंकि सच्चाई समझाना उससे कहीं अधिक थकाने वाला था।

ऊपर से सब सामान्य।

अंदर से सब नाजुक।

एक दिन मैंने Mini को बताया कि मैंने एक Treadmill ऑर्डर किया है।

उसने तुरंत कहा कि यह पैसों की बर्बादी है।

सिर्फ़ Treadmill नहीं।

उसके अनुसार इन दिनों मैं कई ऐसी चीज़ें खरीद रहा था जिनकी वास्तव में ज़रूरत नहीं थी।

मैं हँस पड़ा।

और बिना सोचे जवाब दे दिया—

"तो जो Dress मैंने तुम्हें Gift की थी, वो भी पैसे की बर्बादी थी?"

मेरे लिए वह बस एक मज़ाक था।

एक लापरवाह वाक्य।

बस इतना ही।

लेकिन अगले दिन उसने कहा कि वह Dress वापस करना चाहती है।

उसी पल मुझे समझ आ गया कि मेरा मज़ाक उसके दिल तक किसी और रूप में पहुँचा था।

मैंने समझाने की कोशिश की।

कहा कि मैं मज़ाक कर रहा था।

कहा कि प्यार से दिया गया कोई भी Gift कभी बर्बादी नहीं हो सकता।

लेकिन इन दिनों स्पष्टीकरण कम असर करते थे।

पुराने घाव हम दोनों को संवेदनशील बना चुके थे।

वह शांत स्वर में बोली—

"अगर पैसे की बर्बादी है, तो मुझे नहीं चाहिए।"

शब्द शांत थे।

लेकिन उनके भीतर वजन था।

एक बार फिर ऐसा लगा जैसे हम दोनों अलग-अलग भावनात्मक भाषाएँ बोल रहे हों।

मैं माहौल हल्का करना चाहता था।

वह खुद को चोट लगने से बचाना चाहती थी।

और इन दोनों इरादों के बीच एक नई गलतफहमी पैदा हो गई।

उस दिन पहली बार मैंने सोचा—

क्या हम सचमुच इतने दूर आ चुके हैं कि अब मज़ाक करने से पहले भी डरना पड़ता है?

बाद में मैंने मम्मी से कहा कि वह Mini को समझाएँ कि मेरा मतलब वह नहीं था।

मुझे लगा शायद उनकी बात वहाँ पहुँच जाएगी जहाँ मेरी नहीं पहुँच रही।

अगले दिन Treadmill घर आ गया।

साधारण दिन होना चाहिए था।

लेकिन वह भी मुश्किल बन गया।

उसे Assemble करने में बहुत समय लग गया।

हाथ छिल गए।

धैर्य खत्म हो रहा था।

छोटी-छोटी परेशानियाँ लगातार जमा हो रही थीं।

उधर मम्मी और Mini की बात हुई।

बाद में जब मैंने पूछा कि क्या बातचीत हुई थी, तो मम्मी को भी सब कुछ ठीक से याद नहीं था।

इतनी छोटी बात का कोई महत्व नहीं होना चाहिए था।

फिर भी था।

एक छोटी गलतफहमी ने एक और बहस का रूप ले लिया।

भावनाएँ पहले से ही उफान पर थीं।

कोई किसी को सुन नहीं रहा था।

सब सिर्फ़ प्रतिक्रिया दे रहे थे।

एक समय ऐसा आया जब मैंने Mini से कहा कि वह सीधे मम्मी से बात करे।

मम्मी रो रही थीं।

Mini परेशान थी।

मैं निराश था।

और फिर शब्द निकलने लगे—

तर्क से तेज़।

भावनाओं से भरे हुए।

मम्मी ने गुस्से में कहा—

"रहना है तो रहो, नहीं तो मत रहो।"

मैंने भी ऐसी बातें कहीं जो नहीं कहनी चाहिए थीं।

Mini ने मुझे Block कर दिया।

फिर उसका एक संदेश आया—

"जो अपनी माँ को रुला सकता है, वो मुझे भी दुख पहुँचा सकता है। मैं तुम्हारे साथ नहीं रहना चाहती।"

बाद में उसने कहा कि वह भी गुस्से में थी।

लेकिन तब तक देर हो चुकी थी।

हम दोनों में से कोई भी खुद को समझा हुआ महसूस नहीं कर रहा था।

कोई भी सुना हुआ महसूस नहीं कर रहा था।

और बहुत समय बाद पहली बार मैंने गंभीरता से घर छोड़ने के बारे में सोचा।

गुस्से में नहीं।

आज़ादी के लिए नहीं।

सिर्फ़ इसलिए क्योंकि मैं थक चुका था।

भावनात्मक रूप से पूरी तरह थक चुका था।

कुछ समय ऐसे आते हैं जब घर भी आश्रय नहीं लगता।

बस एक और बोझ लगता है।

और उन दिनों सब कुछ बोझ लग रहा था।

सौभाग्य से समय ने वह किया जो हम दोनों नहीं कर पाए।

उसने चीज़ों को थोड़ा नरम कर दिया।

पूरी तरह नहीं।

लेकिन इतना कि ज़िंदगी आगे बढ़ सके।

Mini और मैंने फिर बात करनी शुरू की।

मम्मी के साथ सब सामान्य हो गया।

बहसें धीरे-धीरे पीछे छूट गईं।

कम-से-कम कुछ समय के लिए।

फिर मेरी ज़िंदगी में एक और ध्यान भटकाने वाली चीज़ आई।

एक Car।

मैंने खुद को समझाया कि यह एक व्यावहारिक फैसला है।

शायद था भी।

शायद यह आगे बढ़ने की मेरी कोशिश भी थी।

कुछ नया।

कुछ सकारात्मक।

मैंने Cars24 पर गाड़ियाँ देखनी शुरू कीं।

और अंत में एक ऐसी Car मिली जो मुझे सही लगी।

उसे खरीदने के लिए मुझे कई बार Lucknow जाना पड़ा।

दुकान।

घर।

सफ़र।

सब कुछ एक साथ चल रहा था।

जब मैं गाड़ी लेकर घर पहुँचा, तब तक दुकान लगभग दो दिन बंद रह चुकी थी।

और वहीं से एक नई समस्या शुरू हुई।

Soni Uncle का फ़ोन आया।

शुरुआत में उनकी चिंता व्यावहारिक लगी।

फिर धीरे-धीरे आलोचना जैसी महसूस होने लगी।

मैं कुछ देर तक सुनता रहा।

फिर झुंझलाहट हावी हो गई।

मैंने कहा—

"आपसे क्या मतलब?"

शब्द निकलते ही मुझे एहसास हो गया कि वे ज़रूरत से ज़्यादा कठोर थे।

उनका जवाब उससे भी कठोर था—

"जब गिरोगे, तब हमें मत बुलाना।"

बात वहीं खत्म हो गई।

और उसके बाद हमारे बीच एक दूरी आ गई।

कोई घोषित दूरी नहीं।

बस वह खामोश दूरी जो तब पैदा होती है जब दो लोग एक-दूसरे को समझना बंद कर देते हैं।

उधर ज़िंदगी फिर आगे बढ़ गई।

मेरे पास Car थी।

कुछ Savings थीं।

कई महीनों बाद पहली बार लगा कि शायद मैं आगे बढ़ रहा हूँ।

मैंने घर में कुछ बदलाव करवाने का फैसला किया।

थोड़ा Woodwork।

थोड़ा Renovation।

कुछ Plywood का काम।

कुछ खास नहीं।

बस सुधार।

लेकिन शांति कभी ज़्यादा देर टिकती नहीं।

Bua लगभग हर निर्णय से असंतुष्ट दिखती थीं।

शिकायतें सीधे मुझ तक नहीं आती थीं।

हमेशा मम्मी के माध्यम से आती थीं।

हर बदलाव एक समस्या बन जाता।

हर सुधार एक आलोचना।

आख़िरकार मैंने प्रतिक्रिया देना बंद कर दिया।

खामोशी आसान लगी।

लेकिन खामोशी कभी समस्या हल नहीं करती।

वह सिर्फ़ बहस को आगे की तारीख पर टाल देती है।

उसी समय Mini और मेरे बीच एक और गलतफहमी पैदा हुई।

हम अब भी दुनिया के सामने अलग होने का नाटक कर रहे थे।

जब मुझे पता चला कि वह यात्रा करने वाली है,मै स्टेशन चला गया।

मैं बस कुछ समय उसके साथ अकेले बिताना चाहता था।

मेरे लिए यह एक छोटी-सी इच्छा थी।

उसके लिए यह जोखिम था।

अगर किसी गलत व्यक्ति ने हमें साथ देख लिया, तो उसके परिवार में समस्या खड़ी हो सकती थी।

मैंने उस पहलू के बारे में सोचा ही नहीं था।

उसने सोचा था।

और एक और बहस शुरू हो गई।

फिर Pizza वाली घटना हुई।

घर लौटते समय मैंने उससे मेरे लिए Pizza लाने को कहा।

दुर्भाग्य से उसके भाई ने देख लिया।

वह तुरंत घबरा गई।

उसे शांत करने के लिए मैंने कहा—

"कोई बात नहीं। खुद खा लेना या फेंक देना।"

मेरे लिए यह हल्का-फुल्का वाक्य था।

लेकिन अब कुछ भी हल्का नहीं रहा था।

हर शब्द अपने साथ इतिहास लेकर आता था।

हर बात अपने साथ भावनाएँ।

अगली सुबह मैं स्टेशन गया।

उम्मीद थी उससे मुलाकात हो जाएगी।

उसने मना कर दिया।

उसके भाई का जानने वाला कोई व्यक्ति उसके साथ सफ़र कर रहा था।

वह जोखिम नहीं लेना चाहती थी।

मैंने बहस नहीं की।

मैं Utkarsh के साथ वापस घर लौट आया।

और न जाने क्यों—

उस दिन कुछ अलग लगा।

कोई विस्फोट नहीं।

कोई बड़ा झगड़ा नहीं।

बस ऐसा लगा जैसे हमारे बीच का एक और अदृश्य धागा टूट गया हो।

गुस्से में उसने कहा—

उसे परेशान मत करो।

उसे अकेला छोड़ दो।

उसे शांति से जीने दो।

मैं पहले से ही Block था।

और इस बार मैंने पहुँचने की ज़्यादा कोशिश नहीं की।

शायद मैं थक चुका था।

शायद मैं आहत था।

शायद मेरे भीतर अब लड़ने की ताकत नहीं बची थी।

मैंने सिर्फ़ एक बार मम्मी से उसे फ़ोन करवाया।

वह सामान्य ढंग से बात करती रही।

जैसे कुछ हुआ ही न हो।

लेकिन बाद में जब उसने Gaurav से बात की, उसके शब्द अलग थे।

उसने कहा—

वह अब मुझसे कभी बात नहीं करेगी।

और पहली बार—

मुझे लगा कि शायद वह सच कह रही है।

उसके बाद जो खामोशी आई, वह बाकी सारी खामोशियों से अलग थी।

क्योंकि इस बार—

उसे खत्म करने की कोशिश हम दोनों में से कोई नहीं कर रहा था।

और उसी खामोशी के भीतर एक तूफ़ान जन्म ले रहा था।

एक ऐसा तूफ़ान जिसके लिए हम दोनों तैयार नहीं थे।

वही तूफ़ान जो हमें उस अंतिम बातचीत तक ले जाने वाला था—

जिसके बारे में हम दोनों अभी कुछ नहीं जानते थे।

अध्याय 17

"आख़िरी अलविदा जो मैं कभी कह नहीं पाया"

(The Last Goodbye I Never Got)

मई 2026 के अंत तक हम दोनों के बीच हुई आख़िरी सही बातचीत को अट्ठाईस दिन बीत चुके थे।

उन अट्ठाईस दिनों में से पंद्रह दिन ऐसे थे जब मैंने उससे संपर्क करने की कोशिश तक नहीं की।

शायद पहली बार मैंने खुद को रोक लिया था।

शायद थक चुका था।

शायद उम्मीद और आत्मसम्मान के बीच कहीं फँस गया था।

लेकिन दूरी बढ़ती रही।

धीरे-धीरे, एक-एक करके, हमारे बीच बचे हुए सारे रास्ते बंद होने लगे।

उसने मेरे दोस्तों को Block कर दिया।

उसकी सहेलियों ने मुझे Block कर दिया।

जो लोग कभी हमारे बीच पुल का काम करते थे, वे भी अब दीवारें बन चुके थे।

कोई एक बड़ा दरवाज़ा बंद नहीं हुआ था।

बल्कि दर्जनों छोटे दरवाज़े धीरे-धीरे बंद हुए थे।

इतनी खामोशी से कि मुझे एहसास ही नहीं हुआ कि कब मैं उस ज़िंदगी के बाहर खड़ा रह गया था जिसे कभी मैं अपना घर समझता था।

फिर भी उम्मीद मरने को तैयार नहीं थी।

मैंने एक बार फिर दुकान छोड़ी।

ज़िम्मेदारियाँ छोड़ीं।

घर छोड़ा।

और Lucknow के लिए निकल पड़ा।

पूरा रास्ता एक ही विचार मेरे साथ था।

"वो मुझसे प्यार करती है।"

"अगर प्यार करती है तो मेरी बात सुनेगी।"

"अगर मेरी बात सुनेगी तो शायद हम समझ पाएँगे कि हमारे बीच क्या हुआ।"

"और अगर समझ पाएँगे तो शायद अभी भी कुछ बचाया जा सकता है।"

सुबह लगभग नौ बजे मैं उसके Hostel पहुँचा।

शहर अपनी रफ्तार में था।

Students आ-जा रहे थे।

दुकानदार अपनी दुकानें सजा रहे थे।

सड़कें लोगों से भर रही थीं।

दुनिया सामान्य थी।

सिर्फ़ मैं सामान्य नहीं था।

मैं बाहर खड़ा इंतज़ार करता रहा।

सोचता रहा कि शायद अगले कुछ मिनट मेरी पूरी ज़िंदगी बदल देंगे।

मिनट घंटे बन गए।

मैंने Mutual Contacts के ज़रिए Call करवाए।

दूसरे लोगों से कहलवाया।

मम्मी से फ़ोन करवाया।

जितने सम्मानजनक तरीके से किसी तक पहुँचा जा सकता था, मैंने सब किए।

लेकिन कोई जवाब नहीं आया।

सूरज ऊपर चढ़ता गया।

दोपहर गर्म होती गई।

लोग आते-जाते रहे।

और मैं वहीं खड़ा रहा।

एक ऐसी उम्मीद को पकड़े हुए जिसे बचाना दिन-ब-दिन मुश्किल होता जा रहा था।

फिर तीन बजे...

लगभग छह घंटे बाद...

वो आई।

छह घंटे।

अजीब बात है।

कभी-कभी छह घंटे, छह साल से लंबे लगते हैं।

जब आप सिर्फ़ एक बातचीत का इंतज़ार कर रहे हों।

जब वो मेरे सामने खड़ी हुई, तब पहली बार मुझे एहसास हुआ कि कितना कुछ बदल चुका है।

यही वही लड़की थी जिसके संदेश मेरी सुबहें बेहतर बना देते थे।

जिसकी आवाज़ ने Papa के जाने के बाद मुझे संभाला था।

जो मेरी यादों के लगभग हर हिस्से में मौजूद थी।

लेकिन उस दिन...

वो मेरे सामने खड़ी थी जैसे हमारे बीच कोई ऐसी दूरी आ चुकी हो जिसे नापा नहीं जा सकता।

उसने मेरी तरफ देखा और पहला सवाल पूछा—

"तुम मुझे परेशान क्यों कर रहे हो?"

ना उसने पूछा—

"कैसे हो?"

ना पूछा—

"तुम ठीक हो?"

ना ये पूछा—

"तुम यहाँ क्यों आए हो?"

बस—

"तुम मुझे परेशान क्यों कर रहे हो?"

मैं कुछ सेकंड उसे देखता रहा।

फिर धीरे से बोला—

"मुझे बस जानना है कि हुआ क्या है।"

उसने नज़रें चुरा लीं।

और कहा—

"मैं तुम्हें नहीं बताना चाहती।"

फिर वो मुड़कर चली गई।

बस ऐसे ही।

मैं उसे जाते हुए देखता रहा।

अब भी उम्मीद थी कि वो रुकेगी।

अब भी उम्मीद थी कि वो पलटकर देखेगी।

अब भी उम्मीद थी कि सात साल की यादें इतनी आसानी से खत्म नहीं हो सकतीं।

लेकिन वो नहीं रुकी।

नहीं मुड़ी।

बस चली गई।

एक घंटे बाद किसी तरह मैं उसे दोबारा मिलने के लिए मना पाया।

लेकिन इस बार सब कुछ अलग था।

मुझसे मिलने आने से पहले उसने अपनी Live Location दोस्तों को भेज दी।

कुछ बातें Record करनी शुरू कर दीं।

हर संभव सावधानी ले ली।

मैं समझता था कि वो ऐसा क्यों कर रही थी।

लेकिन समझना और उसे सह लेना दो अलग बातें हैं।

कभी मैं उसकी ज़िंदगी के सबसे सुरक्षित लोगों में से एक था।

अब वो मुझसे खुद को सुरक्षित रखने की तैयारी कर रही थी।

उस एहसास ने मुझे अंदर तक तोड़ दिया।

उसके बाद जो हुआ, उसे बातचीत कहना गलत होगा।

वो दो लोगों की मुलाकात थी—

जो कभी एक-दूसरे की दुनिया थे—

लेकिन अब दो अलग किनारों पर खड़े थे।

मैं जवाब चाहता था।

वो अंत चाहती थी।

मैं समझना चाहता था।

वो छोड़ना चाहती थी।

मैं बचाना चाहता था।

वो जाने देना चाहती थी।

और धीरे-धीरे मुझे समझ आने लगा कि हम किसी एक गलतफहमी पर नहीं लड़ रहे थे।

हम सालों का दर्द लेकर खड़े थे।

सालों की थकान।

सालों की उम्मीदें।

सालों की शिकायतें।

सालों की चुप्पियाँ।

फिर मैं भावुक हो गया।

गुस्सा भी आया।

कुछ ऐसी बातें भी कह दीं जो कभी नहीं कहनी चाहिए थीं।

उसमें मेरी गलती थी।

और आज भी मैं उसे स्वीकार करता हूँ।

एक पल ऐसा आया जब मैंने उसका Phone हाथ से ले लिया।

तुरंत उसने वापस माँगा।

बार-बार।

और फिर उसने कहा—

"तुम्हारा कोई हक नहीं है।"

फिर उसने वो सवाल पूछा जो आज भी मेरे भीतर गूँजता है।

"तुम हो कौन?"

तुम हो कौन?

सात साल।

सात साल की मोहब्बत।

सात साल की लड़ाइयाँ।

सात साल के सपने।

सात साल की यादें।

और फिर—

"तुम हो कौन?"

उस दिन वो तीन शब्द किसी भी गाली से ज़्यादा भारी थे।

मैं सिर्फ़ एक बात दोहराता रहा—

"बस पाँच मिनट बात कर लो।"

"फिर मैं चला जाऊँगा।"

लेकिन वो नहीं मानी।

और फिर वो रोने लगी।

उसकी आँखों में आँसू आते ही मेरे भीतर की सारी लड़ाई खत्म हो गई।

गुस्सा खत्म।

ज़िद खत्म।

शिकायत खत्म।

सब खत्म।

मैंने तुरंत उसका Phone वापस कर दिया।

उसे शांत कराने की कोशिश की।

एक कदम आगे बढ़ा।

लेकिन वो पीछे हट गई।

मैंने फिर कोशिश की।

तो उसने कहा कि वो अपने भाई को बुला लेगी।

अपने पिता को बता देगी।

जो सही लगेगा वो करेगी।

कुछ सेकंड मैं बस उसे देखता रहा।

फिर धीरे से बोला—

"अगर मैं गलत हूँ तो जो सही लगे वो करो।"

उसके बाद हम दोनों चुप हो गए।

बहुत देर तक।

मैं थक चुका था।

वो भी।

मेरी आवाज़ काँप रही थी।

साँसें भारी थीं।

और मुझे एहसास हो चुका था कि अब मेरे पास कहने के लिए बहुत कम बचा है।

बहुत कम उम्मीद।

बहुत कम मौका।

फिर भी मैंने आख़िरी सवाल पूछा।

"तो तुमने फैसला कर लिया है?"

"तुम नहीं रहना चाहती?"

उसने मेरी तरफ देखा।

और कहा—

"नहीं।"

मैंने अगला सवाल पूछा।

"तुम मेरे बिना ठीक रहोगी?"

उसने बिना सोचे कहा—

"हाँ।"

"खुश रहोगी?"

"हाँ।"

बस।

यही वो पल था।

ना Block होने वाला दिन।

ना पहली लड़ाई।

ना दूरी की शुरुआत।

यही वो पल था।

क्योंकि पहली बार मुझे समझ आया—

वो अपने भविष्य की कल्पना मेरे बिना कर सकती थी।

और मैं अब भी नहीं कर पा रहा था।

मेरी आँखें भर गईं।

मैं उसका चेहरा देखता रहा।

वही चेहरा जो कभी घर जैसा लगता था।

सुरक्षा जैसा।

सुकून जैसा।

मोहब्बत जैसा।

और अब...

बस दूरी जैसा।

फिर मैंने आख़िरी इच्छा रखी।

आख़िरी सवाल।

आख़िरी उम्मीद।

"क्या मैं तुम्हें एक बार Hug कर सकता हूँ?"

कुछ सेकंड वो मुझे देखती रही।

फिर धीरे से बोली—

"नहीं।"

उसकी आवाज़ में गुस्सा नहीं था।

नफ़रत नहीं थी।

क्रूरता नहीं थी।

सिर्फ़ यकीन था।

और शायद इसलिए वो जवाब सबसे ज़्यादा दर्दनाक था।

फिर वो मुड़ी।

और चली गई।

मैं उसे जाते हुए देखता रहा।

जैसे मैंने अपनी ज़िंदगी में और बहुत-सी चीज़ों को जाते देखा था।

अपना बचपन।

अपने सपने।

अपने Papa।

और अब उसे।

मुझे नहीं पता मैं वहाँ कितनी देर खड़ा रहा।

मुझे बस इतना याद है कि किसी तरह Railway Station पहुँच गया।

एक Bench पर बैठ गया।

रोया।

बहुत रोया।

लोग आते रहे।

जाते रहे।

लेकिन मुझे कुछ दिखाई नहीं दे रहा था।

फिर बारिश शुरू हुई।

तेज़ बारिश।

ऐसी बारिश जो आसमान को भी रोता हुआ दिखाती है।

ऐसी बारिश जिसमें अपने आँसू छिप जाते हैं।

मैं वहीं बैठा रहा।

गरजते बादलों के नीचे।

एक टूटे हुए आदमी की तरह।

शाम धीरे-धीरे रात में बदलती गई।

फिर Train आई।

मैं उसमें चढ़ गया।

और खिड़की के पास बैठ गया।

Lucknow पीछे छूटता गया।

अँधेरे में गायब होता गया।

और मैं समझता गया कि अब सच में सब खत्म हो चुका है।

Papa के बाद वो ही थी जिसने मुझे संभाला था।

और अब वो भी नहीं थी।

खालीपन असहनीय था।

लेकिन जीवन अब भी था।

मम्मी थीं।

मेरी बहनें थीं।

मेरी ज़िम्मेदारियाँ थीं।

मेरे वादे थे।

और सबसे बड़ी बात—

मैं अब भी था।

आज भी मैं उससे प्यार करता हूँ।

शायद हमेशा करूँगा।

लेकिन प्यार वास्तविकता नहीं बदलता।

कभी-कभी प्यार किसी इंसान से बदलकर एक याद बन जाता है।

एक सबक।

एक दुआ।

एक निशान।

एक ऐसा बोझ जिसे हम छोड़ते नहीं—

बस उठाकर चलना सीख लेते हैं।

मुझे नहीं पता इस अध्याय के बाद क्या होगा।

मैं नहीं जानता मैं कौन बनूँगा।

नहीं जानता समय मुझे ठीक करेगा या सिर्फ़ दर्द के साथ जीना सिखाएगा।

लेकिन अगर इस अध्याय का अंत कहीं होना चाहिए—

तो वह यहीं होना चाहिए।

सच के साथ।

बिना Closure के।

बिना जवाबों के।

बिना किसी निश्चितता के।

सिर्फ़ एक सत्य के साथ।

मैंने प्यार किया।

मैंने खोया।

और फिर भी—

मैं अब तक यहाँ हूँ।

साँस ले रहा हूँ।

चल रहा हूँ।

उन यादों को अपने साथ लेकर जो जाने से इनकार करती हैं।

शायद मैं Mini से फिर कभी न मिलूँ।

शायद हमारी राहें सच में अलग हो चुकी हैं।

शायद कई साल बाद वो सिर्फ़ एक याद बनकर लौटेगी—

किसी पुराने गाने में।

किसी सड़क पर।

किसी तस्वीर में।

लेकिन एक बात मैं पूरी निश्चितता से जानता हूँ।

अंत तक—

मैं सिर्फ़ एक चीज़ चाहता था।

ना दूसरा मौका।

ना कोई नया वादा।

ना कोई नई शुरुआत।

सिर्फ़ एक आख़िरी अलविदा।

एक आख़िरी गले लगना।

एक आख़िरी पल।

ताकि मैं उस इंसान को ठीक से विदा कह सकूँ—

जो इतने सालों तक मेरा घर रही थी।

उसे रोकने के लिए नहीं।

उसका फैसला बदलने के लिए नहीं।

उसे वापस पाने के लिए भी नहीं।

सिर्फ़ अलविदा कहने के लिए।

लेकिन वो अलविदा कभी नहीं मिला।

और शायद यही वजह है कि इस कहानी का नाम वही है जो है।

क्योंकि अंत में मैंने सिर्फ़ उस लड़की को नहीं खोया जिससे मैं प्यार करता था।

मैंने वह आख़िरी अलविदा खो दिया—

जो मुझे कभी मिला ही नहीं।

The Last Goodbye I Never Got.

अध्याय 18

आख़िरी पन्ना जो मैं लिख सका

जब मैंने पहली बार यह कहानी लिखने के लिए कलम उठाई थी, तब मुझे लगता था कि मैं प्रेम के बारे में लिख रहा हूँ।

मुझे लगता था कि मैं एक ऐसी लड़की की कहानी लिख रहा हूँ जिसे मैं कभी भूल नहीं पाया, एक ऐसे छोटे से कस्बे की कहानी जो हमेशा मेरे दिल में बसा रहा, और कुछ ऐसी यादों की कहानी जो समय बीत जाने के बाद भी धुंधली होने से इंकार करती थीं।

लेकिन पहले पन्ने से आख़िरी पन्ने तक पहुँचते-पहुँचते मुझे एहसास हुआ कि मैं किसी और ही चीज़ के बारे में लिख रहा था।

मैं लिख रहा था—बदलने के बारे में।

मैं उस लड़के की कहानी लिख रहा था जो सोचता था कि ज़िंदगी हमेशा ऐसी ही रहेगी।

एक ऐसा लड़का जिसे विश्वास था कि परिवार हमेशा साथ रहेगा।
कि दादा-दादी हमेशा रहेंगे।
कि पिता हमेशा घर लौटकर आएँगे।
कि पहला प्यार ही आख़िरी प्यार बनेगा।
कि आने वाला कल भी आज जैसा ही होगा।

मैं इन सब बातों पर विश्वास करता था।

और शायद इसी वजह से उन्हें खोने का दर्द इतना गहरा था।

आज जब मैं पीछे मुड़कर देखता हूँ, तो वह लड़का, जिसने इस कहानी की शुरुआत की थी, मुझे बहुत दूर दिखाई देता है।

भूला हुआ नहीं।

बस दूर।

कभी-कभी मैं सोचता हूँ, अगर वह लड़का आज मुझे देख पाता, तो क्या सोचता?

क्या वह मुझे पहचान पाता?

क्या वह मेरे फैसलों को समझ पाता?

क्या वह उन बोझों को समझ पाता जिन्हें मैं आज ढो रहा हूँ?

या फिर उसे ऐसा लगता कि जहाँ कभी वह खड़ा था, वहाँ अब कोई अजनबी खड़ा है?

मुझे नहीं पता।

लेकिन इतना ज़रूर जानता हूँ कि आज ज़िंदगी वैसी नहीं है जैसी कभी हुआ करती थी।

वह दुनिया, जिसे मैं हमेशा के लिए स्थायी समझता था, अब अस्तित्व में नहीं है।

वह आँगन जहाँ रिश्तेदार इकट्ठा हुआ करते थे।

वे त्योहार जो कभी खत्म नहीं होते लगते थे।

वे बेफिक्र दोपहरें।

School Bus की यात्राएँ।

देर रात तक चलने वाली बातें।

और यह भरोसा कि जिन लोगों से मैं प्यार करता हूँ, वे हमेशा मेरे साथ रहेंगे।

सब कुछ जैसे किसी और जन्म की कहानी लगता है।

फिर भी, जब मैं आँखें बंद करता हूँ, तो सब कुछ साफ दिखाई देता है।

मुझे आज भी Sikanderpur की गलियाँ दिखाई देती हैं।

मुझे आज भी वे आवाज़ें सुनाई देती हैं।

मुझे आज भी साधारण दिनों का असाधारण उत्साह महसूस होता है।

उस समय मैं हमेशा बड़ा होने की जल्दी में था।

मुझे लगता था कि बड़ा होना ही आज़ादी है।

मुझे लगता था कि उम्र बढ़ने के साथ समस्याएँ खत्म हो जाएँगी।

मुझे लगता था कि जब मैं ज़िंदगी को बेहतर समझने लगूँगा, तब सब आसान हो जाएगा।

मैं गलत था।

बड़ा होने से मेरे सवाल खत्म नहीं हुए।

बस सवाल बदल गए।

रास्ते में कहीं ज़िंदगी ने मुझसे चीज़ें छीननी शुरू कर दीं।

पहले सबक मिले।

फिर दिल टूटा।

फिर बिछड़ने वाले लोग आए।

और अंत में ज़िम्मेदारियाँ।

हर अनुभव ने मुझे थोड़ा-थोड़ा बदल दिया।

जब तक कि एक दिन आईने में देखकर मुझे एहसास नहीं हुआ कि मैं वह इंसान नहीं रहा जिसने यह सफर शुरू किया था।

सालों तक Papa मुझे स्थायी लगते थे।

घर की तरह।

दुकान की तरह।

Sikanderpur की तरह।

मैंने कभी ऐसी दुनिया की कल्पना नहीं की थी जहाँ वे न हों।

मैंने कभी ऐसी सुबह की कल्पना नहीं की थी जब मुझे उठकर यह समझना पड़े कि अब हर फैसला मेरा है।

हर ज़िम्मेदारी।

हर बोझ।

हर डर।

मैंने अपनी ज़िंदगी के इतने साल यह सोचते हुए बिताए कि अभी बहुत समय है।

और बातें होंगी।

और मौके मिलेंगे।

और साधारण दिन आते रहेंगे।

फिर एक दिन ऐसा आया जब कुछ भी बाकी नहीं बचा।

आज भी कई बार ऐसा होता है कि मैं उन्हें कुछ बताना चाहता हूँ।

कोई छोटी उपलब्धि।

कोई परेशानी।

कोई ऐसा फैसला जो मैं खुद नहीं कर पा रहा।

एक पल के लिए मेरा मन भूल जाता है।

एक पल के लिए लगता है कि मैं अभी उन्हें फोन कर सकता हूँ।

फिर सच लौट आता है।

और मुझे याद आता है।

वह दर्द कभी पूरी तरह नहीं जाता।

वह बस आपका हिस्सा बन जाता है।

फिर Mini थी।

कई वर्षों तक वह मेरी ज़िंदगी का हिस्सा नहीं थी।

वह मेरी ज़िंदगी में बुनी हुई थी।

मैं जो भी भविष्य देखता था, उसमें कहीं न कहीं वह मौजूद होती थी।

मैंने बिना जाने अपनी पूरी दुनिया इस विश्वास के चारों ओर बना ली थी कि वह हमेशा रहेगी।

शायद यह गलत था।

शायद यह मासूमियत थी।

शायद यह सिर्फ़ प्रेम था।

जो भी था, वह मेरे अस्तित्व का हिस्सा बन चुका था।

और जब वह गई, तो ऐसा लगा जैसे उसके साथ मेरा पूरा भविष्य भी चला गया।

लोग अक्सर सोचते हैं कि दिल टूटना किसी व्यक्ति को खो देने का नाम है।

मुझे नहीं लगता कि यह पूरी सच्चाई है।

दिल तब टूटता है जब आप उस भविष्य को खो देते हैं जिसे आपने किसी के साथ मिलकर बनाया था।

जब आपको एहसास होता है कि जिस जीवन की आपने कल्पना की थी, वह अब कभी नहीं होगा।

जब आप उस रास्ते पर खड़े होते हैं जिस पर साथ चलने का सपना देखा था, और अचानक खुद को अकेला पाते हैं।

मुझे उसी बात ने सबसे ज़्यादा तोड़ा था।

सिर्फ उसे खोना नहीं।

उसके साथ जुड़ा पूरा भविष्य खो देना।

फिर भी, मुझे उससे प्रेम करने का कभी पछतावा नहीं होगा।

हो भी कैसे सकता है?

मेरी ज़िंदगी के कुछ सबसे खूबसूरत पल उसी प्रेम की वजह से हैं।

मेरी सबसे सुंदर यादें उसी प्रेम की वजह से हैं।

और भले ही अंत दर्दनाक था, लेकिन जो साल हमने साथ बिताए, वे सच थे।

हमारी हँसी सच थी।

हमारे सपने सच थे।

हमारी भावनाएँ सच थीं।

हर कहानी की कीमत उसकी अवधि से नहीं मापी जाती।

कभी-कभी उसकी गहराई से मापी जाती है।

और उसने मुझे बदल दिया।

जैसे Papa ने बदल दिया।

जैसे Sikanderpur ने बदल दिया।

जैसे मेरी ज़िंदगी में आए हर व्यक्ति ने मुझे कुछ न कुछ देकर ही विदा ली।

यही प्रेम और बिछड़ने की सबसे अजीब बात है।

शुरुआत में वे एक-दूसरे के विपरीत लगते हैं।

लेकिन शायद वे हैं नहीं।

शायद शोक, वह प्रेम है जिसे अब कहीं जाना नहीं है।

शायद इसी वजह से यादें जीवित रहती हैं।

क्योंकि प्रेम जीवित रहता है।

बस उसके रूप बदल जाते हैं।

धीमे।

शांत।

खामोश।

लोग चले जाते हैं।

लेकिन उनकी गूँज रह जाती है।

जब मैं अपने पीछे छूटे वर्षों को देखता हूँ, तो अब मुझे सिर्फ टूटन दिखाई नहीं देती।

मुझे एक यात्रा दिखाई देती है।

एक छोटा बच्चा दिखाई देता है जो कक्षा में बैठा है।

एक किशोर दिखाई देता है जो School Bus के पास इंतज़ार कर रहा है।

एक युवा दिखाई देता है जो पहली बार प्रेम में पड़ रहा है।

एक बेटा दिखाई देता है जो अपने Papa के साथ बैठा है।

एक ऐसा इंसान दिखाई देता है जो गलतियाँ करता है।

सीखता है।

लोगों को खोता है।

ज़िम्मेदारियाँ उठाता है।

मजबूत बनने की कोशिश करता है, तब भी जब वह मजबूत नहीं होता।

आगे बढ़ने की कोशिश करता है, तब भी जब हर कदम भारी लगता है।

और फिर भी किसी तरह आगे बढ़ता रहता है।

यही इस किताब का असली विषय है।

न प्रेम।

न बिछड़ना।

न दिल टूटना।

न शोक।

बल्कि—

जीवित रहना।

बदलते रहना।

यह सीखना कि ज़िंदगी दिल टूटने पर नहीं रुकती।

किसी के चले जाने पर नहीं रुकती।

किसी की मृत्यु पर नहीं रुकती।

वह चलती रहती है।

और हम तैयार हों या नहीं, वह हमें भी साथ चलने के लिए मजबूर करती है।

आज भी कुछ दिन ऐसे होते हैं जब मुझे नहीं पता होता कि मैं कहाँ जा रहा हूँ।

कुछ दिन ऐसे होते हैं जब मैं खुद को खोया हुआ महसूस करता हूँ।

कुछ दिन ऐसे होते हैं जब मैं उन लोगों को बहुत याद करता हूँ जो अब मेरे साथ नहीं हैं।

कुछ दिन ऐसे होते हैं जब मैं चाहता हूँ कि समय पीछे लौट जाए और मैं उसी पुराने जीवन में हमेशा के लिए रह जाऊँ।

लेकिन जीवन केवल एक दिशा में चलता है।

आगे।

और इसलिए मैं भी आगे बढ़ रहा हूँ।

इसलिए नहीं कि मैं निडर हूँ।

इसलिए नहीं कि मैं बहुत मजबूत हूँ।

इसलिए नहीं कि मेरे पास सभी जवाब हैं।

बल्कि इसलिए कि जिन लोगों से मैंने प्रेम किया, वे यही चाहते।

क्योंकि सपने अब भी मौजूद हैं।

क्योंकि ज़िम्मेदारियाँ अब भी मौजूद हैं।

क्योंकि आगे अब भी ऐसे अध्याय हैं जिन्हें मैंने जिया नहीं है।

ऐसी सड़कें हैं जिन पर मुझे चलना है।

ऐसी गलतियाँ हैं जो मुझे अभी करनी हैं।

ऐसे सबक हैं जो मुझे अभी सीखने हैं।

ऐसे लोग हैं जिनसे मुझे अभी मिलना है।

ऐसे सपने हैं जिनके लिए मुझे अभी लड़ना है।

और शायद...

बस शायद...

इस सारे दर्द के पार कुछ सुंदर चीज़ें अब भी मेरा इंतज़ार कर रही हैं।

यदि आपने यहाँ तक पढ़ा है, तो धन्यवाद।

आप मेरे साथ इस पूरी यात्रा में चले हैं।

बचपन से।

पहले प्रेम तक।

दिल टूटने तक।

शोक तक।

ज़िम्मेदारियों तक।

उम्मीद तक।

आपने मुझे मेरे सबसे मजबूत पलों में भी देखा है।

और मेरे सबसे कमजोर पलों में भी।

आपने उस लड़के को देखा जो मैं था।

और उस आदमी को भी, जिसे बनने की मैं अभी कोशिश कर रहा हूँ।

यह किताब किसी को कुछ साबित करने के लिए नहीं लिखी गई।

यह इसलिए लिखी गई क्योंकि मुझे डर था कि ये यादें कहीं खो न जाएँ।

यह इसलिए लिखी गई क्योंकि कुछ लोग याद रखे जाने के योग्य होते हैं।

यह इसलिए लिखी गई क्योंकि कुछ कहानियाँ सुनाए जाने योग्य होती हैं, भले ही उनका अंत सुखद न हो।

और शायद सबसे महत्वपूर्ण बात—

यह इसलिए लिखी गई क्योंकि लिखना ही एकमात्र तरीका था जिससे मैं उन भावनाओं को अपने भीतर संभाल सकता था जिन्हें मैं शब्दों में किसी से कह नहीं पाता था।

शायद कई वर्षों बाद मैं फिर यह किताब खोलूँगा।

शायद तब मेरी ज़िंदगी बिल्कुल अलग होगी।

शायद मैं उन यादों पर मुस्कुरा रहा होऊँगा जिन्होंने कभी मुझे रुलाया था।

शायद तब मुझे वे सबक समझ आ चुके होंगे जो आज भी मुझे उलझाते हैं।

या शायद मैं बस चुपचाप बैठकर याद करूँगा।

Sikanderpur के उस लड़के को।

उस पिता को जिसने उसे ज़िम्मेदारी सिखाई।

उन लोगों को जिनसे उसने प्रेम किया।

उन सपनों को जिन्हें उसने अपने भीतर ज़िंदा रखा।

उन दर्दों को जिन्हें उसने सहा।

और इस बात को कि सब कुछ खो देने के बाद भी उसने उम्मीद कभी पूरी तरह नहीं छोड़ी।

फिलहाल, मैं इस किताब को यहीं बंद करता हूँ।

इसलिए नहीं कि कहानी खत्म हो गई है।

इसलिए नहीं कि कहने के लिए कुछ बाकी नहीं है।

बल्कि इसलिए कि मैं उस आख़िरी पन्ने तक पहुँच चुका हूँ जिसे लिखना मुझे आता था।

बाकी अब समय का है।

बाकी जीवन का है।

बाकी उस इंसान का है—

जो मैं अभी बना नहीं हूँ।

और बहुत लंबे समय बाद पहली बार—

मैं उससे मिलने के लिए तैयार हूँ।

— अनुराग वर्मा

उपसंहार

वह ख़त जो कभी भेज नहीं पाया

अगर तुम यह पढ़ रही हो...

अगर तुम यह पढ़ रही हो, तो शायद तुम हमारी कहानी के आख़िरी पन्ने तक पहुँच चुकी हो।

अब तक तुमने अपना नाम इन पन्नों पर कई बार देखा होगा। शायद तुम्हें अपनी हँसी याद आई होगी। अपनी ज़िद। अपनी मासूमियत। अपनी दयालुता। अपने आँसू। और वे अनगिनत यादें, जो कभी हमें पूरी दुनिया से बड़ी लगती थीं।

शायद कुछ अध्याय पढ़कर तुम मुस्कुराई होगी।

शायद कुछ पन्ने पढ़ना मुश्किल लगा होगा।

शायद कहीं-कहीं तुम्हें रुककर उन दिनों को याद करना पड़ा होगा जिनके बारे में तुमने वर्षों से सोचा भी नहीं था।

और अगर तुम सचमुच इस पन्ने तक पहुँच गई हो, तो एक बात मैं चाहता हूँ कि तुम जानो।

यह किताब कभी तुम्हें दोष देने के लिए नहीं लिखी गई।

यह कभी यह साबित करने के लिए नहीं लिखी गई कि मैं सही था और तुम गलत थीं।

यह कभी हमें नायक या खलनायक बनाने के लिए नहीं लिखी गई।

यह सिर्फ इसलिए लिखी गई क्योंकि हमारी कहानी मायने रखती थी।

सालों तक हमारी ज़िंदगियाँ इस तरह एक-दूसरे से जुड़ी रहीं कि जब सब शुरू हुआ था, तब हम दोनों इसकी कल्पना भी नहीं कर सकते थे।

हमने एक-दूसरे के सबसे खुश दिन देखे।

सबसे बुरे दिन भी।

हमने एक-दूसरे को बढ़ते हुए देखा।

गलतियाँ करते हुए देखा।

सीखते हुए देखा।

असंभव सपने देखते हुए देखा।

और धीरे-धीरे बदलते हुए भी देखा।

यह किताब उन वर्षों का सिर्फ एक रिकॉर्ड है।

यादों से बना एक घर।

एक ऐसी जगह जहाँ वह सब कुछ आज भी मौजूद है जिसे हमने कभी जिया था।

मैं यह पत्र कई बार लिखना चाहता था।

जब हम साथ थे।

जब हमारी लड़ाइयाँ होती थीं।

जब मैं महसूस करने लगा था कि हम धीरे-धीरे दूर हो रहे हैं।

और तब भी, जब सब कुछ खत्म हो चुका था।

लेकिन हर बार रुक गया।

हर बार कुछ शब्द अनकहे रह गए।

इसलिए आज, इस किताब के बिल्कुल अंत में, मैं उन्हें कहना चाहता हूँ।

मुझे नहीं पता आज ज़िंदगी तुम्हें कहाँ लेकर गई है।

मुझे नहीं पता तुम्हारे दिन अब कैसे गुजरते हैं।

क्या चीज़ तुम्हें हँसाती है।

कौन-सी बातें तुम्हें रात भर जगाए रखती हैं।

तुम किन सपनों का पीछा कर रही हो।

मुझे नहीं पता कि तुम्हें आज भी सूप उतना ही पसंद है या नहीं।

मुझे नहीं पता कि तुम आज भी अपना जन्मदिन दो दिन तक मनाती हो या नहीं।

मुझे नहीं पता कि तुम आज भी पुराने उपहार किसी डिब्बे में संभालकर रखती हो या नहीं।

मुझे नहीं पता कि तुम्हें आज भी अदिति रेस्टोरेंट याद है या नहीं।

वह लाल Nescafé वाला कप।

Aisha और Aarav।

वह रिंग।

हाथ से लिखे हुए पत्र।

ट्रेन की यात्राएँ।

जन्मदिन।

वादे।

और वे अनगिनत छोटे-छोटे पल, जो कभी हमें बहुत बड़े लगते थे।

शायद तुम्हें याद हों।

शायद नहीं।

लेकिन मुझे याद हैं।

इसलिए नहीं कि मैं अतीत में अटका हुआ हूँ।

इसलिए नहीं कि मैं आगे नहीं बढ़ पाया।

बल्कि इसलिए कि उन यादों ने मुझे वह इंसान बनाया जो मैं आज हूँ।

उन्होंने मुझे प्रेम करना सिखाया।

इंतज़ार करना सिखाया।

किसी और की खुशी को अपनी खुशी से ज़्यादा महत्व देना सिखाया।

उन्होंने मुझे यह सिखाया कि किसी को खो देने के बाद भी उसके लिए कृतज्ञ रहा जा सकता है।

नफरत किए बिना।

अगर तुम यह पढ़ रही हो, तो मैं तुमसे कुछ नहीं माँग रहा।

मैं नहीं चाहता कि तुम वापस आओ।

मैं नहीं चाहता कि हम अतीत को दोबारा जिएँ।

मैं स्पष्टीकरण नहीं चाहता।

माफ़ी नहीं चाहता।

कोई जवाब भी नहीं चाहता।

मैं सिर्फ इतना चाहता हूँ कि जब तुम यह किताब बंद करो...

तो एक बार मुस्कुरा दो।

बस एक बार।

उन वर्षों के लिए जब ज़िंदगी आसान थी।

उन दिनों के लिए जब दुनिया छोटी लगती थी और हमारे सपने बहुत बड़े।

स्कूल बस की यात्राओं के लिए।

जन्मदिनों के लिए।

उपहारों के लिए।

त्योहारों के लिए।

पत्रों के लिए।

और उन अनगिनत बातचीतों के लिए जो रात देर तक चलती थीं।

और शायद...

एक पल के लिए उस लड़के को याद कर लेना जिसने तुम्हें अपनी पूरी ईमानदारी से प्यार किया था।

वह लड़का जो बस स्टॉप पर इंतज़ार करता था।

जो तुम्हारी लिखावट संभालकर रखता था।

जो उन छोटी-छोटी बातों को याद रखता था जिन्हें कोई और नोटिस भी नहीं करता था।

जो तुम्हारी खुशी को अपनी खुशी समझता था।

जो तुम्हारे दर्द को अपने दर्द से ज़्यादा गंभीरता से लेता था।

वह परफेक्ट नहीं था।

लेकिन सच्चा था।

शायद ज़िंदगी को हमेशा हमें अलग दिशाओं में ले जाना था।

शायद कुछ कहानियाँ हमेशा साथ रहने के लिए नहीं लिखी जातीं।

शायद वे हमें बदलने के लिए लिखी जाती हैं।

और अगर हमारी कहानी का उद्देश्य यही था, तो मेरे भीतर पछतावे से कहीं ज़्यादा कृतज्ञता है।

धन्यवाद उन वर्षों के लिए।

धन्यवाद उन यादों के लिए।

धन्यवाद उन पत्रों के लिए।

धन्यवाद उन उपहारों के लिए।

धन्यवाद उन ट्रेन यात्राओं के लिए।

धन्यवाद उन जन्मदिनों के लिए।

धन्यवाद उन सपनों के लिए।

और सबसे बढ़कर...

धन्यवाद उस प्रेम के लिए।

क्योंकि बाद में चाहे जो कुछ भी हुआ हो, एक बात हमेशा सच रहेगी—

वह प्रेम कभी झूठा नहीं था।

- **मैं कहाँ गलत था**

अगर कोई मुझसे पूछे कि हमारी कहानी आखिर क्यों खत्म हुई, तो शायद मेरे पास कोई सरल जवाब नहीं होगा।

रिश्ते एक गलती से नहीं टूटते।

वे उन अनगिनत छोटी बातों से टूटते हैं जिन्हें समय रहते ठीक नहीं किया जाता।

और अगर मुझे ईमानदार होना है, तो शुरुआत मुझे खुद से करनी होगी।

मैंने तुमसे बहुत प्रेम किया।

लेकिन मैं हमेशा तुम्हें उतनी गहराई से समझ नहीं पाया, जितना समझना चाहिए था।

सालों तक तुम मुझसे कहती रहीं कि मैं सुनता हूँ, लेकिन वास्तव में समझता नहीं।

तब मैं असहमत था।

आज समझता हूँ।

शब्द सुनना और भावनाएँ समझना दो अलग बातें हैं।

अक्सर मैं अपनी बात समझाने में इतना व्यस्त रहता था कि तुम्हारी बात महसूस ही नहीं कर पाता था।

मैं जल्दी प्रतिक्रिया देता था।

बहुत जल्दी बचाव की मुद्रा में आ जाता था।

जब मुझे तुम्हें खोने का डर होता था, तब मैं शांत होने की जगह और कसकर पकड़ने लगता था।

मुझे लगता था कि मैं हमारे रिश्ते को बचा रहा हूँ।

जबकि कई बार मैं उस पर दबाव बढ़ा रहा था।

ऐसे पल आए जब तुम्हें सहारे की ज़रूरत थी और मैंने सलाह दी।

जब तुम्हें सुकून चाहिए था और मैंने बहस की।

जब तुम्हें समझे जाने की ज़रूरत थी और मैंने स्पष्टीकरण दिए।

मैंने तुम्हें अपनी असुरक्षाओं से दुख पहुँचाया।

अपने अधैर्य से।

अपनी झुंझलाहट से।

और उन शब्दों से जो गुस्से में कहे गए थे।

मैं यह भूल गया था कि लोग सिर्फ इरादों से नहीं, प्रभावों से भी आहत होते हैं।

मैं तुम्हारे कई त्यागों को तब समझ ही नहीं पाया जब तुम उन्हें कर रही थीं।

ऐसे दिन थे जब तुम मुझसे कहीं ज़्यादा बोझ उठा रही थीं।

ऐसे दिन थे जब तुम मुझसे ज़्यादा प्रयास कर रही थीं।

और ऐसे दिन भी थे जब मैंने तुम्हारे प्रयासों को सामान्य मान लिया।

उसके लिए मैं सच में क्षमा चाहता हूँ।

शायद मेरी सबसे बड़ी गलती यह थी—

मैंने तुम्हें बहुत गहराई से प्रेम किया।

लेकिन हमेशा उस तरीके से नहीं, जिस तरीके से तुम्हें प्रेम किए जाने की ज़रूरत थी।

यह समझ मुझे बहुत देर से आई।

और कुछ सबक हमेशा तब समझ आते हैं जब उन्हें सिखाने वाला व्यक्ति जा चुका होता है।

जब मैं हमारी कहानी को याद करता हूँ, तो सबसे पहले अंत याद नहीं आता।

मुझे शुरुआत याद आती है।

मुझे वह छोटी-सी लड़की याद आती है जो वर्षों पहले स्कूल आई थी।

Teacher's Day याद आता है।

पहली तस्वीर याद आती है।

पहली देर रात की बातचीत।

पहली वीडियो कॉल।

पहला "I Love You."

पहली होली।

पहला पत्र।

पहली रिंग।

पहला वादा।

पहला जन्मदिन जो हमने साथ मनाया।

और वह पहला पल जब मुझे महसूस हुआ कि किसी और की खुशी मेरी अपनी खुशी जितनी महत्वपूर्ण हो सकती है।

फिर उसके बाद की अनगिनत यादें।

बस यात्राएँ।

चॉकलेट्स।

घड़ियाँ।

पत्र।

हाथ से बने उपहार।

वह Butterfly Necklace जिसे तुम मज़ाक में अपना मंगलसूत्र कहती थीं।

जन्मदिन।

त्योहार।

ट्रेन यात्राएँ।

लिफाफों में छिपे उपहार।

Aisha और Aarav नाम के टेडी बियर।

वह लाल Nescafé कप।

अदिति का सूप।

और वे अनगिनत घंटे जब हम उस भविष्य के बारे में बात करते थे जिसे हम अपना मान बैठे थे।

फिर आया Lucknow।

मेट्रो की यात्राएँ।

हॉस्टल के गेट।

कमरे बदलना।

साथ खाया हुआ खाना।

पानी के कंटेनर उठाकर लाना।

Practical Work।

Movies।

और वे साधारण दोपहरें जो किसी तरह असाधारण यादें बन गईं।

आज जब मैं पीछे देखता हूँ, तो मुझे सिर्फ एक रिश्ता नहीं दिखाई देता।

मुझे साल दिखाई देते हैं।

हज़ारों छोटे-छोटे पल दिखाई देते हैं जिन्हें किसी कैमरे ने कभी कैद नहीं किया।

इंतज़ार।

बातें।

हँसी।

आँसू।

उम्मीदें।

सपने।

और वे चुपचाप किए गए त्याग, जिनके बारे में दुनिया कभी नहीं जान पाएगी।

इसीलिए मैं हमारी कहानी को उसके अंत से नहीं आँक सकता।

क्योंकि अंत सिर्फ कुछ पन्ने थे।

यात्रा हज़ारों पन्नों की थी।

आज जब मैं तुम्हें याद करता हूँ, तो मुझे वह लड़की याद नहीं आती जो चली गई।

मुझे वह लड़की याद आती है जो तब भी आई जब उसकी तबीयत खराब थी।

वह लड़की जिसने मेरी भूली हुई यादों को संभालकर रखा।

वह लड़की जो मेरे कमरे तक पानी लेकर आती थी।

वह लड़की जिसने अपने हाथों से मुझे खाना खिलाया।

वह लड़की जो अदिति रेस्टोरेंट में मेरे सामने बैठकर सूप पीती थी।

वह लड़की जिसने कभी मेरा हाथ पकड़कर कहा था कि हम भविष्य का सामना साथ करेंगे।

और शायद मैं तुम्हें हमेशा इसी तरह याद रखूँगा।

एक अलविदा की तरह नहीं।

एक टूटे हुए दिल की तरह नहीं।

बल्कि अपनी ज़िंदगी के सबसे महत्वपूर्ण अध्यायों में से एक के रूप में।

क्योंकि कुछ लोग सिर्फ हमारी ज़िंदगी में नहीं आते।

वे हमारी ज़िंदगी के पूरे वर्षों को अर्थ दे जाते हैं।

और तुम उन्हीं लोगों में से एक थीं।

इसलिए अगर कभी...

किसी पुराने गीत में तुम्हें मेरी याद आए...

किसी परिचित सड़क पर चलते हुए तुम ठहर जाओ...

किसी पुराने दराज़ से कोई तस्वीर निकल आए...

या किसी रेस्टोरेंट के कोने में बैठकर तुम्हें ज़िंदगी का कोई पुराना रूप याद आ जाए...

तो बस इतना याद रखना—

कभी एक लड़का था जिसने तुम्हें पूरी ईमानदारी से प्रेम किया था।

और यह किताब इस बात का प्रमाण है कि वह सचमुच मौजूद था।

आभार

यह पुस्तक एक दिन में नहीं लिखी गई।

यह वर्षों की यादों, गलतियों, हँसी, प्रेम, बिछड़ने, संघर्ष, खोने और फिर स्वयं को दोबारा खोजने की यात्रा से जन्मी है।

इस पुस्तक का हर अध्याय पहले जिया गया, फिर लिखा गया।

हर पन्ना उस जीवन का एक अंश है जिसने मुझे बदलते हुए देखा—एक बच्चे से एक युवक तक, एक बेटे से जिम्मेदारियों को निभाने वाले इंसान तक।

यह केवल मेरी कहानी नहीं है।

यह उन सभी लोगों की कहानी भी है जिन्होंने किसी न किसी रूप में मेरी ज़िंदगी को छुआ, मुझे बदला, मुझे सँभाला, मुझे चुनौती दी, या मुझे कोई ऐसा सबक दिया जो हमेशा मेरे साथ रहेगा।

सबसे पहले,

मैं अपने पिता **अजय प्रसाद** को नमन करता हूँ।

पापा, यदि आप न होते, तो यह कहानी भी न होती।

आज मैं जो भी हूँ—मेरे संस्कार, मेरी सोच, मेरा धैर्य, मेरी जिम्मेदारी की भावना, मेरा संघर्ष और मेरी जिद—उनकी नींव आपने रखी थी।

आपने मुझे जीवन का सबसे बड़ा पाठ शब्दों से कम और अपने कर्मों से अधिक सिखाया।

आपके जाने के बाद ही मुझे समझ आया कि आपने जीवन भर हमारे लिए कितना कुछ चुपचाप किया था।

आज भी कई ऐसे दिन आते हैं जब किसी छोटी-सी बात पर मन करता है कि आपको फोन करूँ, कोई सलाह माँगूँ या बस आपको यह बताऊँ कि आज क्या हुआ।

फिर याद आता है कि अब ऐसा कभी संभव नहीं होगा।

लेकिन एक बात आज भी सच है—

आप इस दुनिया में भले नहीं हैं, फिर भी मेरी ज़िंदगी के हर बड़े फैसले में कहीं न कहीं मौजूद हैं।

इस पुस्तक का लगभग हर पन्ना आपकी स्मृतियों से होकर गुजरता है।

और शायद हमेशा गुजरता रहेगा।

मेरी माँ **अंजू देवी** के लिए—

धन्यवाद।

जब हमारे जीवन का सबसे मजबूत स्तंभ अचानक चला गया, तब आपने पूरे परिवार को टूटने नहीं दिया।

आपने अपने दुःख को कभी अपनी जिम्मेदारियों से बड़ा नहीं होने दिया।

आपने मुझे सिखाया कि साहस हमेशा ऊँची आवाज़ में नहीं बोलता।

कई बार साहस सिर्फ इतना होता है कि अगली सुबह उठकर फिर वही जिम्मेदारियाँ निभाई जाएँ, चाहे भीतर कितना भी दर्द क्यों न हो।

मैं जो कुछ भी आगे बनूँगा, उसमें आपका धैर्य हमेशा शामिल रहेगा।

मेरी बहनों **नेहा** और **आँचल** के लिए—

धन्यवाद।

आप दोनों ने मुझे यह सिखाया कि परिस्थितियाँ चाहे कैसी भी हों, सपने देखना कभी बंद नहीं करना चाहिए।

आपकी मेहनत, अनुशासन और उपलब्धियाँ हमेशा मेरे लिए प्रेरणा रही हैं।

आप दोनों को आगे बढ़ते हुए देखकर मुझे हमेशा यह विश्वास मिला कि कठिन रास्ते भी मंज़िल तक पहुँच सकते हैं।

और मुझे पूरा विश्वास है कि जहाँ भी पापा होंगे, वे आप दोनों पर उतना ही गर्व करते होंगे जितना हम करते हैं।

उस इंसान के लिए जिसने मेरी ज़िंदगी के सबसे महत्वपूर्ण वर्षों को अर्थ दिया—

Mini,

धन्यवाद।

उन वर्षों के लिए जो हमने साथ जिए।

उन मुस्कानों के लिए।

उन चिट्ठियों के लिए।

उन सफ़रों के लिए।

उन सपनों के लिए।

उन संघर्षों के लिए।

और उस प्रेम के लिए जिसने मुझे हमेशा के लिए बदल दिया।

हर कहानी हमेशा उस मंज़िल तक नहीं पहुँचती जिसकी उसके किरदारों ने कल्पना की होती है।

लेकिन इससे उसकी यात्रा छोटी नहीं हो जाती।

हमने जो समय साथ बिताया, वह मेरी ज़िंदगी का सबसे सच्चा हिस्सा रहेगा।

उसने मुझे प्रेम करना सिखाया।

प्रतीक्षा करना सिखाया।

किसी और की खुशी में अपनी खुशी ढूँढ़ना सिखाया।

और अंत में—

किसी को खो देने के बाद भी उसके लिए मन में सम्मान और कृतज्ञता बनाए रखना सिखाया।

उसके लिए मैं हमेशा आभारी रहूँगा।

मेरे मित्रों, शिक्षकों, रिश्तेदारों और उन सभी लोगों के लिए जो किसी भी रूप में मेरे जीवन का हिस्सा रहे—

धन्यवाद।

कभी अपने साथ के लिए।

कभी अपनी सलाह के लिए।

कभी अपनी आलोचना के लिए।

और कभी केवल उस मौन उपस्थिति के लिए जिसकी मुझे उस समय सबसे अधिक आवश्यकता थी।

हर व्यक्ति हमारी ज़िंदगी में कुछ न कुछ छोड़कर जाता है।

कोई सीख।

कोई स्मृति।

कोई दृष्टिकोण।

या फिर स्वयं का एक छोटा-सा हिस्सा।

और मैं उन सभी हिस्सों के प्रति कृतज्ञ हूँ।

और अंत में,

आपके लिए—प्रिय पाठक।

धन्यवाद।

आपने केवल एक पुस्तक नहीं पढ़ी।

आपने मेरे साथ वर्षों की यात्रा तय की है।

आपने मेरे बचपन को देखा।

मेरे पहले प्रेम को महसूस किया।

मेरे शोक को समझा।

मेरे संघर्षों के साथ चले।

मेरी गलतियों के साक्षी बने।

और उन उम्मीदों को भी जाना जिनके सहारे मैं अब भी आगे बढ़ रहा हूँ।

यह पुस्तक कभी किसी को सही या गलत साबित करने के लिए नहीं लिखी गई।

यह सहानुभूति पाने के लिए भी नहीं लिखी गई।

यह इसलिए लिखी गई क्योंकि कुछ लोग भुलाए जाने के लिए नहीं होते।

कुछ यादें खो जाने के लिए नहीं होतीं।

और कुछ कहानियाँ ऐसी होती हैं जिन्हें शब्दों में दर्ज कर देना ही उन्हें सम्मान देने का सबसे ईमानदार तरीका होता है।

यदि इन पन्नों में कहीं आपको अपनी कहानी का कोई अंश मिला...

यदि किसी स्मृति ने आपको अपने किसी प्रिय व्यक्ति तक वापस पहुँचा दिया...

यदि किसी वाक्य ने आपको कुछ देर रुककर अपने जीवन के बारे में सोचने पर मजबूर किया...

तो समझिए कि इस पुस्तक ने अपना उद्देश्य पूरा कर लिया।

यह यात्रा यहीं समाप्त नहीं होती।

अभी भी बहुत-से अध्याय लिखे जाने बाकी हैं।

बहुत-सी गलतियाँ करनी बाकी हैं।

बहुत-से सपनों का पीछा करना बाकी है।

और शायद...

बहुत-सी ऐसी खुशियाँ भी मेरा इंतज़ार कर रही हैं जिनकी आज मुझे कल्पना भी नहीं है।

फिलहाल,

यहीं पर यह पुस्तक अपने शब्दों को विराम देती है।

लेकिन जीवन—

अब भी आगे लिखा जा रहा है।

कृतज्ञता सहित,

अनुराग वर्मा

अंतिम पृष्ठ

हर कहानी का अंत एक आख़िरी वाक्य से नहीं होता।

कुछ कहानियाँ उस व्यक्ति के भीतर चलती रहती हैं जिसने उन्हें जिया था... और उन लोगों के भीतर भी, जिन्होंने उन्हें पढ़ा।

यह पुस्तक मेरे जीवन का पूरा सच नहीं है।

यह उन वर्षों का सच है जिन्हें मैं शब्दों में बदल सका।

कुछ यादें आज भी ऐसी हैं जिन्हें लिखने की हिम्मत नहीं हुई।

कुछ दर्द आज भी ऐसे हैं जिन्हें भाषा नहीं मिली।

और शायद कुछ अध्याय ऐसे भी हैं जिन्हें लिखने का अधिकार केवल समय के पास है।

मैं नहीं जानता कि कई वर्षों बाद मेरी ज़िंदगी कैसी होगी।

मैं नहीं जानता कि मेरे सपनों का क्या होगा।

मैं नहीं जानता कि जिन लोगों को मैंने खो दिया, उनकी यादें तब भी इतनी ही गहरी होंगी या नहीं।

लेकिन मैं इतना ज़रूर जानता हूँ—

मैंने उनसे सचमुच प्रेम किया था।

मैंने उन्हें सचमुच खोया था।

और मैंने सचमुच फिर से जीना सीखने की कोशिश की।

यदि इस पुस्तक ने आपको अपने किसी अपने की याद दिलाई हो...

यदि इसने आपको किसी अधूरे अलविदा के बारे में सोचने पर मजबूर किया हो...

यदि इसे पढ़ने के बाद आपने किसी प्रिय व्यक्ति को फ़ोन करने, गले लगाने, धन्यवाद कहने या बस यह बताने का मन बनाया हो कि वह आपके लिए कितना महत्वपूर्ण है...

तो समझिए कि यह पुस्तक अपना उद्देश्य पूरा कर चुकी है।

बाकी मेरी कहानी अब इन पन्नों में नहीं है।

वह उन दिनों में है जो अभी आए ही नहीं हैं।

वह उन रास्तों पर है जिन पर मुझे अभी चलना है।

वह उन सपनों में है जिन्हें अभी पूरा करना बाकी है।

और शायद...

किसी दिन...

जब मैं फिर पीछे मुड़कर देखूँगा...

तो इस किताब को अंत की तरह नहीं,

बल्कि उस शुरुआत की तरह देखूँगा,

जहाँ एक लड़के ने पहली बार अपने दर्द से भागना बंद किया...

और उसे शब्दों में बदल दिया।

क्योंकि कुछ अलविदा कभी पूरे नहीं होते।

लेकिन ज़िंदगी... फिर भी आगे बढ़ती रहती है।

—

अनुराग वर्मा

www.ingramcontent.com/pod-product-compliance
Lightning Source LLC
LaVergne TN
LVHW100301210926
848480LV00003B/989